Vorwort

Diese Darstellung der **Kosten- und Leistungsrechnung** entspricht inhaltlich den einschlägigen universitären Veranstaltungen. Sie soll dem Studenten beim *systematischen Vor- und Nacharbeiten* helfen und als *Repetitorium* für Klausur und Examen dienen. Für den Praktiker stellt sie eine *knappe* und *präzise* Einführung dar, die sich auf das Wesentliche konzentriert und ihm bereits innerhalb kurzer Zeit einen sehr guten *Überblick* verschafft.

Nachdem die vorherige Auflage bereits vergriffen ist, liegt ***Kosten- und Leistungsrechnung*** jetzt wiederum in einer Neuauflage vor. Das bewährte Konzept, das Thema besonders *verständlich* und *strukturiert* darzustellen, blieb unverändert. Bei Überschneidungen mit dem Buchtitel ***Bilanzen***, der ebenfalls in dieser Reihe erschienen ist, haben wir *Querverweise* für den interessierten Leser eingefügt.

Bei der Gestaltung von ***Kosten- und Leistungsrechnung*** erhielten, wie in der gesamten Reihe, die folgenden drei Merkmale besonderes Gewicht:

- **Klare Struktur** und **Übersichtlichkeit**: Oberbegriffe erscheinen bei der ersten Erwähnung **fettgedruckt**; wichtige Sachverhalte werden durch Unterstreichen oder durch *Kursivschrift* hervorgehoben. Durch Einrücken werden Unterteilungen und Beispiele gekennzeichnet. Die Terminologie in der Literatur ist leider nicht einheitlich; wir haben den jeweils *meistverwendeten* oder *verständlichsten Terminus* benutzt. Trotzdem wurden andere, ebenfalls verwendete Begriffe nach der ersten Erwähnung des Terminus in Klammern aufgezählt, um dem Leser die Orientierung im von ihm verwendeten Lehrbuch zu erleichtern.
- **Abbildungen** und **Tabellen**: Die verbale Darstellung wird in wesentlichen Teilen durch übersichtliche und prägnante *Abbildungen* bzw. *Tabellen* zusammengefaßt.
- **Beispiele** und **Übungsaufgaben**: Viele *Beispiele* und deren *Lösungen* tragen zum besseren Verständnis bei. Außerdem haben wir großen Wert auf *Übungsaufgaben* - ebenfalls mit *Lösungen* - gelegt, welche die intensive Wiederholung erleichtern.

Für eine optimale Klausurvorbereitung schlagen wir vor:
1. Zur Vorstrukturierung ***Kosten- und Leistungsrechnung*** bei Semesterbeginn zügig, aber ganz zu lesen; Geschwindigkeit hat dabei Vorrang vor dem Verständnis aller Details;
2. während des Semesters ***Kosten- und Leistungsrechnung*** veranstaltungsbegleitend gründlich durchzuarbeiten und durch Randbemerkungen zu ergänzen; und
3. am Semesterende ***Kosten- und Leistungsrechnung*** nochmals zu lesen.

Der Autor dankt Angela Scharbius für wertvolle Hinweise bei der Durchsicht des Manuskripts.

Viel Spaß bei der Lektüre!

Nikolaus Rollwage

Inhaltsverzeichnis

1 Einführung

1.1 Kosten- und Leistungsrechnung als Teil des Rechnungswesens

Das **Rechnungswesen** ist ein *institutionalisiertes Informationssystem*, das die Erfassung, Aufbereitung und Auswertung aller unternehmensrelevanten numerischen Informationen umfaßt. Dabei ist eine Beschränkung auf *vereinfachte Abbilder der Realität* (Modelle) notwendig. Das Rechnungswesen wird wie folgt gegliedert:

- Das **externe Rechnungswesen** besteht im wesentlichen aus der Finanzbuchhaltung (Geschäftsbuchhaltung) und deren Abschluß im handelsrechtlichen Jahresabschluß (pagatorische Erfolgsrechnung). Das externe Rechnungswesen wird im Buchtitel ***Bilanzen*** dargestellt, der ebenfalls in dieser Reihe erschienen ist.

- Das **interne Rechnungswesen** (innerbetriebliches Rechnungswesen) setzt sich aus der Kosten- und Leistungsrechnung (kalkulatorische Erfolgsrechnung), der Betriebsstatistik und weiteren Planungsrechnungen, insbesondere der *Investitionsrechnung* und der *Finanzierungsrechnung* (Finanzrechnung, Finanzplanung; vgl. ***Finanzierung***), zusammen.

Das Rechnungswesen soll drei **Aufgaben** erfüllen:

- **Planungsaufgaben** (Dispositionsaufgaben, Entscheidungsaufgaben). Das Rechnungswesen stellt Grundlagen für betriebliche Entscheidungen bereit. Beispiel: Grundlagen für die Entscheidung über die Annahme eines Auftrages oder zwischen Eigenfertigung und Fremdbezug. Die Kosten- und Leistungsrechnung liefert - im Gegensatz zur Investitionsrechnung - Entscheidungsgrundlagen für kurzfristige Entscheidungen.

- **Kontrollaufgaben.** Die gewünschte Entwicklung des Unternehmens wird meist durch Umwelteinflüsse gestört, die sich dem Einfluß des Managements entziehen und nicht oder nur ungenau prognostizierbar sind (*umweltbedingte Störgrößen;* Beispiele: Verhalten des Wettbewerbs, der Kunden oder des Staates). Außerdem werden i.d.R. nicht alle Anweisungen des Managements in das erwartete Ergebnis umgesetzt (*unternehmensbedingte Störgrößen;* Beispiele: Mißverständnisse, Nachlässigkeit, besondere Schadensfälle). Um solche Abweichungen von beabsichtigter und tatsächlicher Entwicklung schnell korrigieren zu können, werden aktuelle Kontrollinformationen benötigt. Kontrollaufgaben werden im Rahmen der Kosten- und Leistungsrechnung gelöst.

- **Publikationsaufgaben** (Dokumentationsaufgaben, extern orientierte Informationsaufgaben). Sie bestehen im Bereitstellen bestimmter gesetzlich vorgeschriebener oder freiwilliger Informationen für externe Unternehmensbeteiligte (Beispiele: Gläubiger, Lieferanten, Kunden) und werden mit Publikationsrechnungen, insbesondere handelsrechtlichen Jahresabschlußrechnungen, erfüllt. Die Kosten- und Leistungsrechnung leistet hierzu Hilfestellung bei der Erfassung und Bewertung fertiger und unfertiger Güter sowie selbst hergestellter Anlagegüter für Jahresabschluß und Steuerbilanz.

Die **Kosten- und Leistungsrechnung** (kurz: Kostenrechnung) ist nicht unternehmensbezogen (wie der handelsrechtliche Jahresabschluß), sondern betriebsbezogen. Sie schließt nicht mit dem *Jahresüberschuß* (= Gesamtergebnis = Gesamterfolg = Erträge minus Aufwendungen), sondern mit dem *Betriebsergebnis* ab (= Betriebserfolg = kalkulatorisches Ergebnis = kalkulatorischer Gewinn = Leistungen minus Kosten).

1.2 Grundbegriffe

Zunächst sind die vier **Basisrechnungssysteme** zu erläutern. Sie beginnen mit den Rechnungen auf der Basis von Einzahlungen und Auszahlungen; anschließend wird schrittweise von den zwar direkt meßbaren, aber zur Lösung kurzfristiger Planungs- und Kontrollaufgaben nicht geeigneten Ein- und Auszahlungen abstrahiert. Den Abschluß bilden Rechnungen auf der Basis von Leistungen und Kosten.

1. **Einzahlungen und Auszahlungen**. Unter der Bezeichnung der **liquiden Mittel** werden Kassenbestände, Bundesbank- und Postgiroguthaben, Guthaben bei Kreditinstituten und Schecks zusammengefaßt. Als *Einzahlung* bezeichnet man den Zugang liquider Mittel und als *Auszahlung* umgekehrt den Abgang liquider Mittel. Die Differenz von Ein- und Auszahlungen wird als *Zahlungssaldo* (Zahlungsüberschuß) bezeichnet.

   Auf diesem Basisrechnungssystem beruhen zwei Rechnungen: Die **Investitionsrechnung** und die **Finanzierungsrechnung**.

2. **Einnahmen und Ausgaben**. *Einnahmen* sind der Wert von veräußerten Gütern und *Ausgaben* der Wert von zugegangenen Gütern. Die Differenz von Einnahmen und Ausgaben heißt *Finanzsaldo*. Einnahmen und Einzahlungen bzw. Ausgaben und Auszahlungen fallen bei Kreditvorgängen auseinander. - Eine andere Lehrmeinung setzt allerdings Einnahmen mit Einzahlungen und Ausgaben mit Auszahlungen gleich.

3. **Erträge und Aufwendungen**. Beide Begriffe sind an die gesetzlichen Bestimmungen des Handels- und Steuerrechts sowie an die Grundsätze ordnungsmäßiger Buchführung gebunden (vgl. ***Bilanzen***, Abschnitt 2.1). *Erträge* sind die (meist mit den Einnahmen) bewertete Gütererstellung; sie umfassen alle Erhöhungen des Eigenkapitals. *Aufwendungen* sind der (meist mit den Ausgaben) bewertete Güterverzehr; sie umfassen alle Eigenkapitalminderungen. Die Differenz von Erträgen und Aufwendungen ist der *Jahresüberschuß* (ggf. Jahresfehlbetrag).

   Auf diesem Basisrechnungssystem beruht der **handelsrechtliche Jahresabschluß**.

4. **Leistungen und Kosten**. *Leistungen* sind die bewertete betriebliche Gütererstellung (soweit sie periodenbezogen und ordentlich ist); *Kosten* sind der bewertete betriebliche Güterverzehr (soweit er periodenbezogen und ordentlich ist; Erläuterung der Begriffe auf S. 7). Die Differenz von Leistungen und Kosten heißt *Betriebsergebnis*.

   Dieses Basisrechnungssystem ist die Grundlage der **Kosten- und Leistungsrechnung**; deswegen werden Kosten und Leistungen unten genauer betrachtet.

Beispiel: Ein Unternehmen kauft Rohstoffe, die zunächst gelagert werden, auf Ziel.

Eine Ausgabe entsteht beim Kauf (zugegangenes Gut; eine Forderung entsteht) und eine Auszahlung bei der Bezahlung der Güter. Aufwand und Kosten liegen beim anschließenden Verbrauch der Rohstoffe (Güterverzehr) vor.

Die Bewertung des Güterverzehrs und der Gütererstellung ist erforderlich, um unterschiedliche Güterarten gleichnamig zu machen. **Kosten** setzen sich damit aus einer Mengen- und einer Wertkomponente zusammen:

- Die **Mengenkomponente** entspricht der Zahl der verzehrten Mengeneinheiten des jeweiligen Gutes.
- Als **Wertkomponente** wird die Bewertung einer Mengeneinheit bezeichnet (Beschaffungspreis). Bei der Bewertung bestehen mehrere Möglichkeiten:
  - **Anschaffungspreis** (Einstandspreis). Hierbei wird der Rechnungspreis abzgl. Umsatzsteuer und Rabatte (= Einkaufspreis) *plus* außerbetriebliche Beschaffungsnebenkosten (Beispiele: Transport, Versicherung, Zoll) angesetzt; jedoch nicht innerbetriebliche Beschaffungsnebenkosten (Beispiel: innerbetriebliche Lagerkosten).
  - **Tagespreis** (Tageswert). Dies ist der Anschaffungspreis zum Verbrauchszeitpunkt.
  - **Wiederbeschaffungspreis** (Wiederbeschaffungswert). Dies ist der (geschätzte) Anschaffungspreis zum voraussichtlichen Wiederbeschaffungszeitpunkt.
  - **Verrechnungspreise**. Sie werden z.B. bei schwankenden Preisen verwendet und meist durch *Festwerte*, *Unterstellung einer bestimmten Verbrauchsfolge* oder *Durchschnittsermittlung* gebildet (vgl. ausführlich ***Bilanzen***, Abschnitt 2.4.1.5).

Die **Leistungen** setzen sich zusammen aus

- den *Absatzleistungen* (**Erlösen**), d.h. mit Einnahmen bewerteten, abgesetzten Gütern;
- den *Lagerleistungen*, d.h. mit Kosten bewerteten Mehrbeständen an fertigen Gütern (fertigen Erzeugnissen) und unfertigen Gütern (Halbfabrikaten), die in der Abrechnungsperiode hergestellt, aber noch nicht abgesetzt bzw. weiterverarbeitet wurden;
- den *innerbetrieblichen Leistungen*, d.h. mit Kosten bewerteten innerbetrieblichen Gütern, die im eigenen Betrieb in der Periode ihrer Erstellung verbraucht werden; und
- den *aktivierten Eigenleistungen*, d.h. mit Kosten bewerteten, selbst hergestellten Anlagegütern, die im eigenen Betrieb (auch in späteren Perioden) verwendet werden.

Die Begriffe Aufwand und Kosten müssen sorgfältig unterschieden werden. Der **Zweckaufwand** (betrieblich ordentlicher Aufwand) ist deckungsgleich mit den **Grundkosten** (vgl. Abb. auf S. 8), die deswegen auch aufwandsgleiche Kosten genannt werden. Beispiele: Rohstoffverbrauch, Arbeitskosten.

- Der andere Teil des Aufwands (Aufwand, aber keine Kosten) ist der **neutrale Aufwand**. Er ist periodenfremd, betriebsfremd oder außerordentlich:
  - Der *periodenfremde Aufwand* ist Aufwand, der vergangene Geschäftsjahre betrifft. Beispiel: Gewerbesteuer-Nachzahlung für das vergangene Geschäftsjahr.
  - *Betriebsfremder* (= nicht sachzielbezogener) *Aufwand* entsteht beim Verfolgen nichtbetrieblicher Ziele. Beispiele: Verluste aus Wertpapiergeschäften, Aufwand für nicht betrieblich genutzte Gebäude, Spenden.
  - Der *außerordentliche Aufwand* ist Aufwand, der wegen seiner besonderen Art, Höhe oder unregelmäßigen Entstehung nicht im Rahmen des üblichen Betriebsablaufes zu erwarten ist. Beispiel: Besondere Schadensfälle aufgrund von Feuer, Diebstahl oder Forderungsausfällen.

- Der andere Teil der Kosten sind die **kalkulatorischen Kosten**. Sie können

- *Zusatzkosten* sein, d.h. Kosten, denen kein Aufwand gegenübersteht (Beispiel: kalkulatorischer Unternehmerlohn, vgl. S. 16), oder
- *Anderskosten*, d.h. Kosten, denen Aufwand in anderer Höhe gegenübersteht (Beispiel: kalkulatorische Abschreibung, vgl. S. 14 f.).

Entsprechend dieser Unterscheidung der Begriffe Aufwand und Kosten ist eine Unterscheidung der Begriffe Ertrag und Leistung möglich: Die periodenbezogenen, betrieblich ordentlichen Erträge entsprechen den (Grund-)Leistungen; die neutralen Erträge werden in periodenfremde, betriebsfremde und außerordentliche Erträge eingeteilt.

Die Kosten werden in der Kosten- und Leistungsrechnung bestimmten Objekten zugerechnet. Als **Zurechnungsobjekte** (= Bezugsobjekte = Kalkulationsobjekte = Untersuchungsobjekte) kommen Abrechnungsperioden, Kostenstellen und Kostenträger in Betracht.

- Die **Abrechnungsperioden** der Kosten- und Leistungsrechnung sind kürzer als ein Jahr; meistens dauern sie einen Monat, evtl. auch eine Woche oder ein Quartal.
- **Kostenstellen** (KS) sind Betriebsteile, die kostenrechnerisch selbständig abgerechnet werden, beispielsweise Abteilungen. Unternehmen sind i.d.R. in Kostenstellen eingeteilt.
- Als **Kostenträger** werden die Objekte bezeichnet, die letztlich die Kosten "tragen" müssen. Dies sind analog zur Einteilung der Leistungen auf S. 7 hauptsächlich die *abgesetzten Güter* (d.h. eine Produktart, eine Serie oder ein Auftrag) und außerdem noch nicht abgesetzte *fertige* und *unfertige Güter*, *innerbetriebliche Güter* und im eigenen Betrieb verwendete *selbst hergestellte Anlagegüter*.

Um die Kosten den Zurechnungsobjekten (vor allem Kostenträgern) begründet zuordnen zu können, sind bestimmte Prinzipien erforderlich. Als **Zurechnungsprinzipien** kommen Verursachungs-, Einwirkungs-, Durchschnitts- und Tragfähigkeitsprinzip in Betracht.

- Nach dem **Verursachungsprinzip** werden einem Objekt die Kosten zugerechnet, die es ursächlich hervorgerufen hat. Beispiel: Einer Produktart können Rohstoffkosten aufgrund des Verursachungsprinzips dann zugerechnet werden, wenn der Verzehr der Rohstoffe aufgrund der Herstellung der Produktart entstand und ohne Herstellung der Produktart nicht entstanden wäre. Das Verursachungsprinzip ist eine *hervorragende Rechtfertigung* für die Zurechnung.

- Nach dem **Einwirkungsprinzip** wird einem Objekt ein Güterverzehr zugeordnet, der auf dieses eingewirkt hat. Ohne die Einwirkung wäre das Objekt nicht entstanden, obwohl Güterverzehr auch ohne Entstehung des Zurechnungsobjektes eingetreten wäre. Beispiel: Zuordnung des Zeitlohns eines Mitarbeiters mit langer Kündigungsfrist, der ein Produkt bearbeitet hat, zu diesem Produkt. Das Einwirkungsprinzip ist eine *schwächere Rechtfertigung* für die Zurechnung als das Verursachungsprinzip.
- Beim **Durchschnittsprinzip** werden Kosten proportional zu einer Schlüsselgröße, die nicht von den Absatzpreisen der Produkte abhängt, auf ein Objekt verteilt ("geschlüsselt"). Als **Schlüsselgrößen** (Umlageschlüssel, Kostenschlüssel) kommen Mengengrößen (z.B. Nutzungszeiten, Raummaße) und Wertgrößen (z.B. Lohnsummen) in Betracht. Beispiele: Einer Abrechnungsperiode wird nach dem Durchschnittsprinzip anteilig der Güterverzehr einer Maschine, die mehrere Perioden genutzt wird, zugerechnet (Zeitabschreibung; Nutzungszeit als Schlüsselgröße) oder einer Kostenstelle anteilig Mietkosten des Gebäudes (Raummaße der Kostenstelle als Schlüsselgröße). Das Durchschnittsprinzip bietet nur eine *sehr schwache Rechtfertigung* für die Zurechnung.
- Nach dem **Tragfähigkeitsprinzip** werden Kosten proportional zu einer Schlüsselgröße, die von den Absatzpreisen der Produkte abhängt, auf ein Objekt (z.B. ein Produkt) verteilt. Als Schlüsselgrößen werden Wertgrößen verwendet (z.B. Erlöse). Das Tragfähigkeitsprinzip wird bei der sog. Kuppelkalkulation angewendet (vgl. S. 29 und 39 ff.). Es ist ebenfalls nur eine *sehr schwache Rechtfertigung* für die Zurechnung.

Kostenrechnungen werden einerseits nach ihrem **Zeitbezug** eingeteilt:

- Die **Istkostenrechnung** beruht auf den tatsächlich entstandenen Kosten; diese *Istkosten* sind erst nachträglich (am Ende der Abrechnungsperiode) feststellbar.
- Grundlage der **Normalkostenrechnung** sind die "normalerweise" entstehenden Kosten, genauer die durchschnittlichen Istkosten mehrerer vergangener, aufeinanderfolgender Abrechnungsperioden. Ihr Vorteil gegenüber der Istkostenrechnung ist die *Vereinfachung* und *Beschleunigung* der innerbetrieblichen Leistungsrechnung (vgl. S. 22 f.) und Kostenträgerstückrechnung (vgl. S. 34 f.) wegen der Verwendung konstanter Verrechnungssätze. Außerdem werden Ergebnisse mit Normalkosten *besser vergleichbar*.
- Die **Plankostenrechnung** beruht auf (z.B. auf der Grundlage von technischen Studien) geplanten Kosten. Sowohl die Mengen- als auch die Wertkomponente bestehen aus geplanten Größen.

Andererseits werden Kostenrechnungen nach dem **Umfang der den Kostenträgern zugerechneten Kosten** eingeteilt:

- Bei der **Vollkostenrechnung** werden den Kostenträgern die gesamten (= "vollen") Kosten (also auch sämtliche Fixkosten, vgl. S. 11) angelastet. Deswegen kann auf das Durchschnitts- oder das Tragfähigkeitsprinzip nicht verzichtet werden.
- Bei der **Teilkostenrechnung** werden den Kostenträgern dagegen nur bestimmte Teile der Kosten zugerechnet. Die Anwendung des Durchschnitts- und des Tragfähigkeitsprinzips ist bei Teilkostenrechungen grundsätzlich nicht erforderlich.

Ist-, Normal- und Plankostenrechnungen können jeweils als Voll- und Teilkostenrechnungen durchgeführt werden, so daß sich **sechs Kombinationsmöglichkeiten** ergeben; allerdings sind nicht alle sechs Möglichkeiten sinnvoll und üblich.

2 Istkostenrechnung

In diesem Kapitel wird die "traditionelle" Kosten- und Leistungsrechnung geschildert. Dies ist die **Istkostenrechnung als Vollkostenrechnung**, d.h. die Form, die auf den tatsächlich entstandenen Kosten beruht und bei der den Kostenträgern die gesamten Kosten angelastet werden. (In zwei Exkursen wird auch die Normalkostenrechnung als Vollkostenrechnung berücksichtigt.) - Die Istkostenrechnung ist historisch gewachsen, wurde also nicht systematisch von einzelnen Autoren konstruiert.

Im dritten Kapitel (Plankostenrechnung) wird dann die "moderne" Kosten- und Leistungsrechnung vorgestellt; dies geschieht großenteils durch Modifikationen und Ergänzungen der Istkostenrechnung, d.h. Aufbau und Struktur der Istkostenrechnung bleiben in wesentlichen Teilen erhalten.

Im vierten Kapitel wird erläutert, wie Ist- und Plankostenrechnungen zur Lösung der auf S. 5 geschilderten Aufgaben eingesetzt werden können.

Bei der **Istkostenrechnung** interessieren grundsätzlich drei Fragen:

1. Welche Kosten sind entstanden?
2. Wo sind die Kosten entstanden?
3. Wofür sind die Kosten entstanden?

Dementsprechend werden Kostenartenrechnung ("welche?"; Abschnitt 2.1), Kostenstellenrechnung ("wo?"; Abschnitt 2.2) und Kostenträgerrechnung ("wofür?") unterschieden, wobei die Kostenträgerrechnung in Kostenträgerstückrechnung (Abschnitt 2.3) und Kostenträgerzeitrechnung (Abschnitt 2.4) eingeteilt wird.

2.1 Kostenartenrechnung

Um festzustellen, welche Kosten in einer Abrechnungsperiode entstanden sind, werden die verzehrten Gütermengen ermittelt und bewertet, d.h. mit dem Wertansatz pro Mengeneinheit (vgl. S. 7) multipliziert. Die auf diese Weise vollständig erfaßten **Gesamtkosten der Periode** (K) werden nach verschiedenen Kriterien gegliedert. Insbesondere sind Strukturierungen nach dem Verhalten bei Beschäftigungsänderungen, der Form der Zurechnung zu Kostenträgern, der Herkunft der Güter, den betrieblichen Funktionen und nach der Art der verbrauchten Produktionsfaktoren (Kostenarten) denkbar:

1. Einteilung der Kosten nach dem **Verhalten bei Beschäftigungsänderungen**, d.h. Änderungen der Ausbringungsmenge (Produktionsmenge):

   - **Variable Kosten** (K_v) sind die Kosten, deren Höhe von der Ausbringungsmenge abhängt (Beispiel: Rohstoffkosten). Variable Kosten steigen sehr häufig im gleichen Verhältnis wie die Ausbringungsmenge (*proportionale Kosten*, Beispiel: Rohstoffkosten im Normalfall), manchmal jedoch überproportional (*progressive Kosten*, Beispiel: Lohnkosten, wenn Überstunden erforderlich werden) oder unterproportional (*degressive Kosten*, Beispiel: Rohstoffkosten, wenn Mengenrabatte gewährt werden). Nur sehr selten sinken sie bei steigender Ausbringung (*regressive Kosten*, Beispiele: Heizkosten in einem Kino, Nachtwächterkosten bei Schichtarbeit).

- Die **fixen Kosten** (K_f) sind die bei Veränderung der Ausbringungsmenge konstant bleibenden Kosten (Beispiel: Zeitabschreibungen).

Im folgenden werden einige Kostenarten den fixen bzw. variablen Kosten zugeordnet:

fixe Kosten	überwiegend fix	überw. variabel	variable Kosten
Gehälter	Instandhaltung	(Akkord-)Löhne	Roh- und Hilfsstoffkosten
Versicherungen	Reparaturen	Energie	Gewährleistungswagnis
Raummiete	Reinigung		Mengenabschreibung
Zeitabschreibung	Beleuchtung		

Diese Zuordnung kann nur als Anhaltspunkt dienen. Ob Kosten als fixe oder als variable Kosten eingestuft werden, hängt auch davon ab, *innerhalb welcher Frist* sie bei Bedarf abgebaut werden können (**Abbaufähigkeit**). Außerdem haben manchmal Annahmen Einfluß, die über einen Güterverzehr getroffen werden. Beispiel: Nimmt man bei der Abschreibung (vgl. S. 14 f.) einer Maschine an, daß der Güterverzehr (Nutzungspotentialverzehr) der Maschine durch ihren *Einsatz*, d.h. durch Gebrauchsverschleiß, entsteht, liegen variable Kosten vor (Mengenabschreibung). Lautet die Annahme dagegen, daß der Güterverzehr vom *Zeitablauf* abhängt, gelangt man zu fixen Kosten (Zeitabschreibung). Die Annahme ist notwendig, weil der Zusammenhang zwischen Güterverzehr und Verzehrsursachen hier letztlich nicht meßbar ist.

2. Einteilung der Kosten nach der **Form der Zurechnung zu Kostenträgern**:

- **Einzelkosten** (EK) sind *die Kosten, die einem Kostenträger* (gemäß Verursachungs- oder Einwirkungsprinzip, vgl. S. 8 f.) *direkt zugerechnet werden können und auch direkt zugerechnet werden*. Direkt zurechenbar sind die Kosten, wenn sie durch die Erstellung von Gütern genau einer Kostenträgerart verursacht wurden oder auf die Erstellung von Gütern genau einer Kostenträgerart eingewirkt haben.

  Bestimmte Einzelkosten treten nicht bei allen Kostenträgern auf und werden deswegen von den übrigen Einzelkosten getrennt (**Sondereinzelkosten**, SEK). Sie lassen sich einteilen in *Sondereinzelkosten der Fertigung* (SEK_F; Beispiele: Kosten für Spezialwerkzeuge, Entwicklungskosten) und *Sondereinzelkosten des Vertriebs* (SEK_{Vt}; Beispiele: Vertreterprovision, Verpackungskosten).

- Die **Gemeinkosten** (GK) sind *die Kosten, die einem Kostenträger nicht direkt zugerechnet werden können (echte Gemeinkosten) oder direkt zugerechnet werden können, jedoch nicht direkt zugerechnet werden (unechte Gemeinkosten):*

  - **Unechte Gemeinkosten** können einem Kostenträger zwar grundsätzlich direkt zugerechnet werden. Dies geschieht aber nicht, weil es nicht wirtschaftlich wäre (Beispiel: geringwertige Hilfsstoffe). Bei ihnen wird auf Durchschnitts- oder Tragfähigkeitsprinzip (vgl. S. 9) zurückgegriffen, obwohl die *Anwendung von Verursachungs- oder Einwirkungsprinzip grundsätzlich möglich* ist.

  - **Echte Gemeinkosten** können einem Kostenträger nicht direkt zugerechnet werden, weil sie für mehrere oder alle Kostenträger entstanden sind. Bei ihnen muß auf Durchschnitts- oder Tragfähigkeitsprinzip zurückgegriffen werden, weil die *Anwendung von Verursachungs- oder Einwirkungsprinzip grundsätzlich nicht möglich* ist.

Einzelkosten und unechte Gemeinkosten sind, soweit Zurechnung nach dem Verursachungsprinzip möglich ist, variable Kosten (ansonsten auch fixe Kosten). Echte Gemeinkosten sind typischerweise fixe Kosten und nur selten variabel.

Beispiel: Ein Unternehmen stellt fünf Produktarten A bis E her. Rohstoffkosten, die ausschließlich durch die Herstellung von Produktart B verursacht wurden, werden dem Kostenträger "Produktart B" gemäß Verursachungsprinzip zugeordnet (Einzelkosten, gleichzeitig variable Kosten). Der Zeitlohn eines Mitarbeiters mit langer Kündigungsfrist, der ausschließlich B bearbeitet hat, wird dem Kostenträger "Produktart B" gemäß Einwirkungsprinzip zugerechnet (Einzelkosten, gleichzeitig fixe Kosten). D wird in Lizenz gefertigt; das Unternehmen führt deswegen Lizenzgebühren ab (Sondereinzelkosten der Fertigung); außerdem sind für Produktart D Werbekosten entstanden (Sondereinzelkosten des Vertriebs). Bei der Montage der Produktarten A, D und E wird in geringem Umfang ein Industrieklebstoff verwendet, dessen Verbrauch aus Kostengründen nicht separat für A, D und E gemessen wird (unechte Gemeinkosten). Die Kosten der allgemeinen Verwaltung und des Managements lassen sich nicht nach Verursachungs- oder Einwirkungsprinzip bestimmten Produktarten zurechnen (echte Gemeinkosten).

3. Einteilung der Kosten nach der **Herkunft der Güter**:
   - **Primäre Kosten** sind die Kosten der Güter, die das Unternehmen direkt von außen, d.h. von den Beschaffungsmärkten, bezieht (das ist der Normalfall).
   - **Sekundäre Kosten** sind die Kosten der Güter, die vom Unternehmen selbst erstellt und in der gleichen Periode im Unternehmen verbraucht werden *(innerbetriebliche Güter)*. Beispiel: Ein Unternehmen hat, um interne Reparaturen selbst auszuführen, eine eigene Werkstatt. Sie bildet eine Kostenstelle. Aus den dort entstandenen primären Kosten wird zur Vereinfachung eine sekundäre Kostenart gebildet. Die Kostenstellen, für die die Reparaturen ausgeführt werden, brauchen dann z.B. nur mit der Zahl der geleisteten Reparaturstunden mal Stundensatz der Kostenstelle Werkstatt belastet zu werden (sekundäre Kosten) statt anteilig mit den in der Werkstatt entstandenen Arbeits-, Strom- und sonstigen primären Kosten. Sekundäre Kosten sind also nur eine spezifische Zusammenfassung primärer Kosten. Die Gesamtkosten des Unternehmens sind deswegen gleich der Summe der primären Kosten und nicht der primären und sekundären Kosten (Doppelzählung!).

4. Einteilung der Kosten nach **betrieblichen Funktionen** in Material-, Fertigungs-, Verwaltungs- und Vertriebskosten.

5. Außerdem ist eine Einteilung der Kosten nach **Art der verbrauchten Produktionsfaktoren** (d.h. nach **Kostenarten**) in Werkstoff-, Arbeits- und Dienstleistungskosten, Abgaben und kalkulatorische Kosten möglich; sie wird nun genauer betrachtet.

2.1.1 Werkstoffkosten

Werkstoffkosten (Materialkosten) sind der bewertete betriebliche Verbrauch von Werkstoffen (vgl. Def. der Kosten auf S. 6). **Werkstoffe** sind der Oberbegriff für wesentliche Bestandteile der hergestellten Produktarten *(Rohstoffe)*, geringwertige Bestandteile der hergestellten Produktarten *(Hilfsstoffe;* Beispiel: Schrauben, Klebstoffe) und solche Stoffe, die verbraucht werden, ohne Bestandteil einer Produktart zu werden *(Betriebsstoffe;* Beispiele: Schmierstoffe, Treibstoffe, Büromaterial). Rohstoffkosten sind Einzelkosten, Hilfs- und Betriebsstoffkosten sind i.d.R. Gemeinkosten.

Die Werkstoffkosten setzen sich aus einer Mengen- und einer Wertkomponente zusammen. Bei der **Bewertung** bestehen mehrere Möglichkeiten (vgl. S. 7, Wertkomponente der Kosten). Zur Ermittlung des **Verbrauchs** (Mengenkomponente) stehen drei Methoden zur Verfügung:

- **Inventurmethode**. Hier wird der Verbrauch ermittelt, indem von Anfangsbestand (AB) und Zugängen der Schlußbestand (SB) abgezogen wird, wobei der Schlußbestand (= Anfangsbestand der Folgeperiode) durch *Inventur* festgestellt wird:

  Verbrauch = AB + Zugänge - SB

  Diese Methode ist für die Kosten- und Leistungsrechnung kaum geeignet, weil sich weder Diebstahl und sonstiger Schwund feststellen lassen, noch sich der Verbrauch direkt einem Kostenträger oder einer Kostenstelle zurechnen läßt und überdies die Methode aufgrund der kurzen Abrechnungsperioden (vgl. S. 8) aufwendig ist.

- **Skontrationsmethode** (Fortschreibungsmethode). Bei dieser Methode werden Zugänge und Abgänge mit Hilfe von *Materialentnahmescheinen* erfaßt. Auf den Materialentnahmescheinen werden u.a. die Kostenstelle bzw. der Kostenträger eingetragen, so daß Verwendungsort bzw. Verwendungszweck nachvollzogen werden können. Diebstahl und sonstiger Schwund lassen sich mit einer Inventur feststellen.

- **Retrograde Methode**. Hierbei wird der Werkstoffverbrauch durch Rückrechnung aus der Zahl der hergestellten Mengeneinheiten mit Hilfe von *Stücklisten* ermittelt.

2.1.2 Arbeitskosten

Die **Arbeitskosten** (Personalkosten) setzen sich aus Löhnen und Gehältern, Sozialkosten sowie sonstigen Arbeitskosten zusammen.

- **Löhne und Gehälter**. *Löhne* werden an Arbeiter (als Akkord- oder Zeitlöhne) gezahlt. Sie lassen sich in Fertigungslöhne und Hilfslöhne (Beispiel: Lohn eines Gabelstaplerfahrers) einteilen. *Gehälter* werden an Angestellte (stets als Zeitlöhne) gezahlt. Fertigungslöhne (häufig als Akkordlohn gezahlt) sind Einzelkosten; Hilfslöhne und Gehälter sind Gemeinkosten.

- **Sozialkosten**. Sie werden in *gesetzliche Sozialabgaben*, nämlich die Unfallversicherung sowie den Arbeitgeber-Anteil an der Renten-, Kranken- und Arbeitslosenversicherung, und *freiwillige Sozialleistungen*, beispielsweise Pensionszusagen, eingeteilt.

- **Sonstige Arbeitskosten**. Beispiele: Zeitungsinserate, die vom Unternehmen getragenen Reisekosten der Bewerber und Abfindungen.

2.1.3 Dienstleistungskosten

Dienstleistungskosten (Fremdleistungskosten) entstehen für die Nutzung von Dienstleistungen anderer Unternehmen. Sie können Einzel- oder Gemeinkosten sein. Beispiele: Versicherungen, Transporte, Reparaturen, Werbemaßnahmen.

2.1.4 Abgaben

Abgaben lassen sich in *Gebühren* (Beispiel: Straßenanliegergebühren), *Beiträge* und *Steuern* einteilen. Steuern sind entweder Kostensteuern (Beispiele: Grundsteuer, Kraftfahrzeugsteuer) oder Gewinnsteuern (Beispiel: Körperschaftsteuer). Gebühren, Beiträge und Kostensteuern sind, soweit betrieblich, Kosten. Gewinnsteuern sind nach herrschender Lehrmeinung keine Kosten; ebensowenig die *Umsatzsteuer* (Mehrwertsteuer), die als durchlaufender Posten angesehen wird. (Bei näherer theoretischer Betrachtung ist dies kaum haltbar; Gewinnsteuern und Umsatzsteuer werden aber aus Gründen der Wirtschaftlichkeit trotzdem nicht einbezogen.) - Abgaben sind im Regelfall Gemeinkosten.

2.1.5 Kalkulatorische Kosten

Die Kosten, denen kein Aufwand (*Zusatzkosten*, vgl. S. 8) oder Aufwand in anderer Höhe gegenübersteht (*Anderskosten*), heißen **kalkulatorische Kosten**, weil sie speziell für die Kosten- und Leistungsrechnung kalkuliert werden. Dies geschieht, um die *Genauigkeit* der Kosten- und Leistungsrechnung zu erhöhen und ihre *Vergleichbarkeit* zu verbessern. Dabei wird zwischen den kalkulatorischen Abschreibungen, den kalkulatorischen Zinsen, dem kalkulatorischen Unternehmerlohn, den kalkulatorischen Wagniskosten und der kalkulatorischen Miete unterschieden.

2.1.5.1 Kalkulatorische Abschreibungen

Die **Abschreibungen** werden in planmäßige und außerplanmäßige Abschreibungen eingeteilt (vgl. ***Bilanzen***, Abschnitt 2.4.1.3).

- *Außerplanmäßige Abschreibungen* werden in der Kosten- und Leistungsrechnung als kalkulatorische Wagniskosten (vgl. S. 16 f.),
- *planmäßige* (d.h. normale) *Abschreibungen* dagegen in der Kosten- und Leistungsrechnung als kalkulatorische Abschreibungen erfaßt.

Kalkulatorische Abschreibungen sollen *den "tatsächlichen" Güterverzehr* (Nutzungspotentialverzehr, Abnahme des Nutzungsvorrats) *der Anlagegüter abbilden*. Sie sind Anderskosten, weil in der Bilanz auch, aber anders abgeschrieben wird. An externe Vorschriften sind sie nicht gebunden, insbesondere nicht an die Grundsätze ordnungsmäßiger Buchführung und das Handelsgesetzbuch. Beispielsweise wird als Ausgangswert der kalkulatorischen Abschreibung häufig der *Wiederbeschaffungswert* benutzt, obwohl dieser i.d.R. größer ist als die Anschaffungskosten, welche im handelsrechtlichen Jahresabschluß die absolute Wertobergrenze sind. Außerdem werden kalkulatorische Abschreibungen solange fortgesetzt, wie das Anlagegut genutzt wird.

Die Wahl des **Abschreibungsverfahrens** (ausführliche Darstellung der Verfahren in ***Bilanzen***, Abschnitt 2.4.1.3) hängt von den - letztlich nicht überprüfbaren - Annahmen über die Ursachen des Nutzungspotentialverzehrs ab. Grundsätzlich können zwei **Verzehrsursachen** angenommen werden:

1. **Zeitablaufbedingter Verzehr**. Die Anwendung des Durchschnittsprinzips mit Nutzungszeit als Schlüsselgröße (vgl. S. 9) führt zur *linearen Abschreibung;* damit werden

die einzelnen Abrechnungsperioden gleichmäßig mit den Abschreibungsbeträgen belastet. Allerdings nehmen häufig Reparatur- und Instandhaltungskosten im Zeitablauf zu. In diesem Fall erfordert das Durchschnittsprinzip eine *degressive Abschreibung;* im Idealfall werden die Perioden dann wiederum gleichmäßig belastet (mit der konstanten Summe aus fallenden Abschreibungsbeträgen und steigenden Reparatur- und Instandhaltungskosten). Zeitabschreibungen sind im Regelfall Gemeinkosten, manchmal jedoch Sondereinzelkosten der Fertigung. Beispiel: Zeitabschreibung eines Spezialwerkzeuges, welches ausschließlich für eine Produktart benötigt wird.

2. **Einsatzbedingter Verzehr**. Diese Annahme führt bei Anwendung des Verursachungsprinzips zur *Mengenabschreibung.* Mengenabschreibungen können Einzelkosten sein. Sie lassen sich ggf. mit den Zeitabschreibungsverfahren kombinieren *(gebrochene Abschreibung).*

Beispiel: Ein Unternehmen nimmt an, daß 70 % der Wertminderung des Firmenwagens (Anschaffungspreis 40.000,- DM) von der Fahrleistung und 30 % vom Alter (mit linearer Abschreibung) abhängen. Es geht außerdem von einer fünfjährigen Nutzungsdauer und einer jährlichen Fahrleistung von 40.000 km aus. Bis zum Ende des dritten Jahres wurden 118.090 km zurückgelegt. Wie hoch ist der Restbuchwert?

Lösung: Die Abschreibung beträgt 40.000,- DM • 3/5 • 30 % + 40.000,- DM • 118.090 km/200.000 km • 70 % = 23.732,60 DM. Folglich ergibt sich der Restbuchwert als 40.000 DM - 23.732,60 DM = **16.267,40 DM**.

2.1.5.2 Kalkulatorische Zinsen

Die **kalkulatorischen Zinsen** (Kapitalkosten) sind *die Zinsen, die das betriebsnotwendige Kapital bei alternativer Verwendung erbracht hätte* (Alternativkosten = entgangene Gewinne = Opportunitätskosten aus engl. opportunity costs).

Kalkulatorische Zinsen sind nicht der Zinsaufwand für das Fremdkapital in der Finanzbuchhaltung, sondern fiktive Zinsen auf das gesamte betriebsnotwendige Kapital unabhängig von der Art der Finanzierung, d.h. auf Fremd- und Eigenkapital (Anderskosten). Das Eigenkapital braucht zwar nicht verzinst zu werden wie i.d.R. das Fremdkapital, es verursacht aber trotzdem einen Nutzenentgang, weil es - beispielsweise am Kapitalmarkt - gewinnbringend angelegt werden könnte.

Ausgangspunkt der Überlegungen ist das **betriebsnotwendige** (= sachzielnotwendige = für die betriebliche Tätigkeit erforderliche) **Vermögen**.

Beispiel: Zum betriebsnotwendigen Vermögen gehören u.a.: betrieblich genutzte Grundstücke und Gebäude, betrieblich genutzte Maschinen, Vorräte, Forderungen und Zahlungsmittel; jedoch nicht: z.B. stillgelegte Maschinen, ungenutzte Grundstücke, vermietete Gebäude und Wertpapiere des Anlagevermögens.

Das betriebsnotwendige Vermögen setzt sich aus dem *betriebsnotwendigen Anlagevermögen,* bei zeitlich unbegrenzter Nutzungsdauer mit den Anschaffungspreisen bewertet und bei zeitlich begrenzter Nutzungsdauer mit den halben Anschaffungspreisen bewertet (sog. Durchschnittswertverzinsung), und dem *betriebsnotwendigen Umlaufvermögen* (z.B. Mittelwert aus Anfangs- und Endbestand) zusammen:

betriebsnotwendiges Anlagevermögen
- bei zeitlich unbegrenzter Nutzungsdauer: Anschaffungspreise
- bei zeitlich begrenzter Nutzungsdauer: halbe Anschaffungspreis

\+ *betriebsnotwendiges Umlaufvermögen* (Mittelwert)
= **betriebsnotwendiges Vermögen**
(- Abzugskapital)
= **betriebsnotwendiges Kapital** (•Zinssatz = **kalkulatorische Zinsen**)

Das **betriebsnotwendige Kapital** ist das zur Finanzierung des betriebsnotwendigen Vermögens erforderliche Kapital; es ist damit gleich dem betriebsnotwendigen Vermögen. Eine andere Lehrmeinung fordert allerdings, vorher das zinslos zur Verfügung stehende Fremdkapital abzuziehen (**Abzugskapital**; Beispiele: Pensionsrückstellungen, Lieferverbindlichkeiten oder Anzahlungen von Kunden).

Die **kalkulatorischen Zinsen** ergeben sich durch Multiplikation des betriebsnotwendigen Kapitals mit dem Zinssatz (z.B. Kalkulationszinsfuß des Unternehmens, Kapitalmarktzinssatz oder Verzinsung der günstigsten Alternativanlage). Sie sind stets Gemeinkosten.

2.1.5.3 Kalkulatorischer Unternehmerlohn

Ein **kalkulatorischer Unternehmerlohn** ist bei Einzelunternehmen und Personengesellschaften für mitarbeitende Inhaber bzw. Gesellschafter anzusetzen, weil in diesen Fällen kein Geschäftsführer- oder Vorstandsgehalt (wie bei Kapitalgesellschaften, z.B. Aktiengesellschaft, GmbH) gezahlt wird, sondern die Arbeit neben dem Gewinn nicht gesondert entlohnt wird (Zusatzkosten). Die Höhe des kalkulatorischen Unternehmerlohns richtet sich häufig nach den üblichen Gehältern gleichbefähigter Führungskräfte.

2.1.5.4 Kalkulatorische Wagniskosten

Mit dem Begriff **Wagnis** (Risiko) der unternehmerischen Tätigkeit wird die Gefahr eines nicht produktiven Güterverzehrs umschrieben. Wagnisse werden wie folgt eingeteilt:

1. **Allgemeine Unternehmerwagnisse**. Beispiele: Streik, Konjunkturschwäche oder Fehlinvestition. Sie sind kein Kostenbestandteil, weil sie nicht statistisch kalkulierbar sind und weil ihnen die Chance von *Zufallsgewinnen* (windfall profits) gegenübersteht.

2. **Einzelwagnisse** (Einzelrisiken). Sie zählen zu den Kosten, weil sie aufgrund der Erfahrung kalkulierbar sind. Einzelwagnisse können versichert sein oder nicht:

   - Bei den *versicherten Einzelwagnissen* entsprechen die Wagniskosten den gezahlten Versicherungsprämien (Dienstleistungskosten). Beispiel: Feuerversicherung. In diesem Fall sind die Wagniskosten aufwandsgleiche Kosten (vgl. S. 7 f.).
   - Für die *nicht versicherten Einzelwagnisse* müssen **kalkulatorische Wagniskosten** angesetzt werden ("Selbstversicherung"). In der Finanzbuchhaltung werden tatsächlich eingetretene Verluste aus Einzelwagnissen als außerordentlicher Aufwand (z.T. als außerplanmäßige Abschreibungen, vgl. ***Bilanzen***, Abschnitt 2.4.1.3) erfaßt; in der Kosten- und Leistungsrechnung werden stattdessen kalkulatorische Wagniskosten verwendet. Dies führt zu einer gleichmäßigen Belastung der Abrechnungsperioden mit Wagnisverlusten. Kalkulatorische Wagniskosten sind Anderskosten, weil ihnen Aufwand in anderer Höhe gegenübersteht (vgl. Abb. auf S. 8).

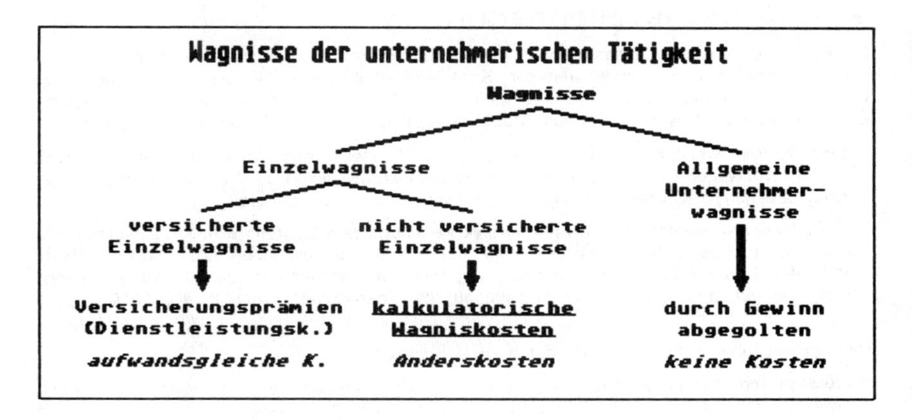

Die Einzelwagnisse werden üblicherweise wie folgt eingeteilt:

- Das **Beständewagnis** bezeichnet das Risiko der Lagerverluste wegen Schwund, Verderb, Vernichtung, Diebstahl, Veraltern oder Preissenkung.
- Zum **Anlagenwagnis** zählen besondere Schadensfälle bei Anlagegütern (z.B. Feuer).
- Das **Fertigungswagnis** (Mehrkostenwagnis) umfaßt Mehrkosten aufgrund von Material-, Arbeits- und Konstruktionsfehlern, Ausschuß und Nachbearbeitung.
- Das **Arbeitswagnis** enthält die Kosten ausgefallener Arbeitskräfte.
- Das **Gewährleistungswagnis** bezeichnet das Wagnis der Mängelrügen, z.B. der unentgeltlichen Reparatur (Nachbesserung).
- Das **Entwicklungswagnis** umfaßt die Kosten fehlgeschlagener Entwicklungsarbeiten, z.B. in der Pharmaindustrie die erfolglose Entwicklung eines Medikaments.
- Zum **Vertragswagnis** (Vertriebswagnis) gehören Währungsverluste und Forderungsausfälle aus Kundenforderungen.

Beispiel: In einem Unternehmen mußten in den vergangenen Jahren jährlich im Mittel 2 % der Forderungen abgeschrieben werden. Im kommenden Jahr werden sich die Forderungen voraussichtlich auf TDM 950 stellen.

Als Vertragswagnis sind insoweit TDM 19 in der Kostenrechnung zu berücksichtigen.

2.1.5.5 Kalkulatorische Miete

Die kalkulatorische Miete wird für Räume angesetzt, die zum Privatvermögen eines Einzelunternehmers oder Personengesellschafters gehören, aber von ihm für den Betriebszweck zur Verfügung gestellt werden (Zusatzkosten). Angesetzt wird i.d.R. die ortsübliche Miete.

2.2 Kostenstellenrechnung

In der Kostenartenrechnung wurden die Gesamtkosten der Periode vollständig erfaßt und nach Kostenarten (sowie weiteren Kriterien) strukturiert. Nun wird untersucht, wo die Kosten entstanden sind, d.h. wie sie Kostenstellen und Kostenträgern (z.B. Produktarten) zugerechnet werden können. Dabei werden Einzel- und Gemeinkosten getrennt:

- *Einzelkosten* werden definitionsgemäß einem Kostenträger direkt zugerechnet (vgl. S. 11). Deswegen werden sie von der Kostenarten- direkt in die Kostenträgerrechnung übernommen, ohne die Kostenstellenrechnung zu durchlaufen;
- *Gemeinkosten* werden in der Kostenstellenrechnung den Kostenstellen zugerechnet. (In der Kostenträgerrechnung werden dann die Kosten der einzelnen Kostenstellen ebenfalls den Kostenträgern zugerechnet. Letztlich werden also in einer Vollkostenrechnung die gesamten Kosten der Periode auf die Kostenträger verteilt, vgl. S. 9.)

Die Kostenstellenrechnung erfüllt damit zwei Funktionen:

1. **Kostenvermittlungsfunktion.** Kostenstellen ermöglichen eine differenzierte Zurechnung der Gemeinkosten zu den Kostenträgern, d.h. die Kostenstellenrechnung vermittelt zwischen Kostenarten- und Kostenträgerrechnung. Die Kostenstellenrechnung ist für Gemeinkosten notwendig, weil diese einem Kostenträger nicht direkt zugerechnet werden können bzw. dies unwirtschaftlich wäre (vgl. S. 11). Eine pauschale Zurechnung der Gemeinkosten zu den Kostenträgern ist aber i.d.R. falsch, weil die Kostenträger die Kostenstellen meist unterschiedlich hoch beanspruchen.
2. **Kostenkontrollfunktion.** Außerdem ermöglicht die Kostenstellenrechnung eine Kontrolle der in den Kostenstellen entstandenen Kosten, d.h. der Gemeinkosten.

Kostenstellen (KS; kurz: Stellen) sind *Betriebsteile, die kostenrechnerisch selbständig abgerechnet werden* (vgl. S. 8). Unternehmen können im wesentlichen nach vier Kriterien in Kostenstellen eingeteilt werden, nämlich nach Verantwortungsbereichen, betrieblichen Funktionen, Räumen oder rechnungstechnischen Gesichtspunkten (d.h. Einheiten gleicher Kostenstruktur bilden eine Kostenstelle). Die *Einteilung nach Verantwortungsbereichen* (wichtig für die Kostenkontrollfunktion!) ist in der Praxis vorherrschend, wobei sich diese mit der *Einteilung nach betrieblichen Funktionen* deckt. Üblicherweise ist jede Abteilung oder Hauptabteilung des Unternehmens eine Kostenstelle.

Nach betrieblichen Funktionen lassen sich die **vier Kostenbereiche** Material (M), Fertigung (F), Verwaltung (Vw), Vertrieb (Vt) und ggf. ein allgemeiner Bereich unterscheiden (vgl. S. 12); entsprechend werden die Kostenstellen eingeteilt:

- Aufgabe der **Materialkostenstellen** ist die Beschaffung, Prüfung, Lagerung, Pflege, Ausgabe und Versicherung der Werkstoffe;
- die **Fertigungskostenstellen** dienen der Produktion im engen Sinne (z.B. Montage);

  zu den **Verwaltungskostenstellen** gehören Management, Rechnungswesen, Personalabteilung und die sonstige allgemeine Verwaltung;
- Aufgabe der **Vertriebskostenstellen** ist die Lagerung, die Verpackung, der Verkauf und der Versand der fertigen Güter sowie das Marketing (vgl. hierzu den Titel ***Marketing***, der auch Marketing-Organisation und Marketing-Controlling untersucht);

- die **allgemeinen Hilfskostenstellen** produzieren ausschließlich innerbetriebliche Güter (vgl. S. 7 f. und S. 12), die sie vollständig an andere Kostenstellen abgeben. Beispiele: Werkschutz, eigene Reparaturwerkstatt, Fuhrpark, eigene Stromversorgung.

Kostenstellen können Hilfs- oder Hauptkostenstellen sein:

- **Hilfskostenstellen** (Vorkostenstellen) *dienen ausschließlich der Herstellung innerbetrieblicher Güter*. Die Kosten der Hilfskostenstellen werden nicht direkt den abgesetzten Gütern, sondern vollständig anderen Kostenstellen zugerechnet. Beispiel: Die allgemeinen Hilfskostenstellen in der obigen Einteilung.
- Die Kosten der **Hauptkostenstellen** (Endkostenstellen) *werden vollständig den abgesetzten Gütern direkt zugerechnet* (evtl. nur teilweise, wenn die Hauptkostenstelle zusätzlich innerbetriebliche Güter herstellt). Beispiel: In der obigen Einteilung sind dies alle Kostenstellen mit Ausnahme der allgemeinen Hilfskostenstellen.

2.2.1 Betriebsabrechnungsbogen

Um die nach Kostenarten strukturierten primären (= von außen bezogenen, vgl. S. 12) Gemeinkosten den Kostenstellen zuzurechnen, bietet sich die Form einer Tabelle (Matrix) an. Üblicherweise werden dabei in den Zeilen die primären Gemeinkosten und in den Spalten die Kostenstellen eingetragen. Außerdem wird unten ein zweiter Teil angehängt, in dem die innerbetriebliche Leistungsrechnung durchgeführt wird. Eine solche Tabelle heißt **Betriebsabrechnungsbogen** (BAB):

BAB [TDM]	Hilfskostenstellen		Hauptkostenstellen	
	KS_1	KS_2 ...	... $KS_{(n-1)}$	KS_n
primäre Gemeinkostenart 1	...	...	...	...
...		...	...	...
primäre Gemeinkostenart m	...	...	...	...
primäre Gemeinkosten	...	...	...	...
Innerbetriebl. Leistungsrg.				
KS_1	...	...	...	...
...	...	...	...	...
KS_n				
Endkosten (vgl. S. 22)	0,00	0,00	...	...

Aufgabe des Betriebsabrechnungsbogens ist,

1. die *primären Gemeinkosten* auf die Kostenstellen zu verteilen (oberer Teil; Abschnitt 2.2.2) und
2. die *innerbetrieblichen Leistungen* zu verrechnen (unterer Teil; Abschnitt 2.2.3).

2.2.2 Verteilung der primären Gemeinkosten auf die Kostenstellen

Die primären Gemeinkosten werden in die linke Spalte des BAB eingetragen und anschließend *je Kostenart* (also zeilenweise) auf die Kostenstellen verteilt:

- **Direkte Verteilung** liegt vor, wenn primäre Gemeinkosten einer Kostenstelle (gemäß Verursachungs- oder Einwirkungsprinzip, vgl. S. 8 f.) direkt zugerechnet werden können und auch direkt zugerechnet werden (Gemeinkosten, aber sog. **Kostenstelleneinzelkosten**). Direkt zurechenbar sind sie, wenn sie durch genau eine Kostenstelle verursacht wurden oder auf genau eine Kostenstelle eingewirkt haben. Beispiel: Gehalt des Kostenstellenleiters. Dies läßt sich den *Kostenartenbelegen* (Beispiele: Gehaltslisten, Materialentnahmescheine bei Hilfs- und Betriebsstoffen) entnehmen.
- Andernfalls, d.h. wenn primäre Gemeinkosten einer Kostenstelle nicht direkt zugerechnet werden können (oder direkt zugerechnet werden können, aber aus Gründen der Wirtschaftlichkeit nicht direkt zugerechnet werden), muß auf die **indirekte Verteilung** zurückgegriffen werden (sog. **Kostenstellengemeinkosten**). Die primären Gemeinkosten werden dann gemäß dem Durchschnittsprinzip mit *Schlüsselgrößen* (vgl. S. 9) auf die Kostenstellen verteilt. Beispiele: Häufig verwendete Schlüsselgrößen sind: Lohn- und Gehaltssummen als Schlüssel für Sozialkosten, Raumfläche der Kostenstellen als Schlüssel für Raumkosten und das in den Kostenstellen gebundene Vermögen als Schlüssel für kalkulatorische Zinsen.

Beispiel: In einem Unternehmen soll die Kostenart "Stromkosten" (= zu verteilende Kostensumme) auf die Kostenstellen verteilt werden.

Wenn getrennte Stromzähler für jede Kostenstelle vorhanden sind, ist eine direkte Verteilung möglich. Andernfalls muß der geschätzte mittlere Stromverbrauch der Beleuchtung, der einzelnen Maschinen etc. jeder Kostenstelle (= Schlüsselgröße der Kostenstelle) zu einer Summe addiert werden (= Summe der Schlüsselgrößen); der Anteil jeder Kostenstelle an der Summe ist dann gleich dem Anteil an den tatsächlichen Stromkosten, den die Kostenstelle tragen muß (indirekte Verteilung).

Anschließend werden die primären Gemeinkosten *je Kostenstelle* (also spaltenweise) addiert, so daß schließlich die primären Gemeinkosten je Hilfs- und Hauptkostenstelle bekannt sind (mittlere Zeile des BAB).

2.2.3 Innerbetriebliche Leistungsrechnung

Kostenstellen beziehen Güter nicht nur direkt von außen (**primäre Kosten** K^{prim}; vgl. S. 12), sondern auch von anderen Kostenstellen (innerbetriebliche Güter). Die Verrechnung dieser innerbetrieblichen Leistungen zwischen den Stellen ist Aufgabe der **innerbetrieblichen Leistungsrechnung** (Sekundärkostenrechnung).

Ausgehend von den primären Gemeinkosten je Stelle werden die Stellen im unteren Teil des BAB zusätzlich mit den Kosten derjenigen innerbetrieblichen Güter belastet, die sie von anderen Stellen erhalten haben (**sekundäre Kosten** K^{sek}). Die **Gesamtkosten** einer Kostenstelle i ergeben sich also als Summe ihrer primären und sekundären Kosten (in der Kostenstellenrechnung wird üblicherweise das Symbol K verwendet, obwohl damit nur die Gemeinkosten gemeint sind):

$$K_i = K_i^{prim} + K_i^{sek} \qquad \text{für alle } i \quad \text{(d.h. für alle Kostenstellen)}$$

Die Stellen, die innerbetriebliche Güter liefern, werden um die Beträge entlastet, mit denen die empfangenden Stellen belastet wurden. Werden von den Gesamtkosten einer Stelle diese Entlastungsbeträge abgezogen, entstehen die **Endkosten** der Stelle. (Die Endkosten werden dann in der Kostenträgerrechnung auf die Kostenträger überwälzt.)

Die Endkosten der Hilfskostenstellen (vgl. S. 19) sind stets gleich null, weil sie ausschließlich der Herstellung innerbetrieblicher Güter dienen und ihre Gesamtkosten somit vollständig auf andere Stellen verteilt werden.

Beispiel: Einem Mehrprodukt-Unternehmen liegen aus der Kostenartenrechnung alle Kosten getrennt nach Einzel- und Gemeinkosten vor. Die Einzelkosten übernimmt es direkt in die Kostenträgerrechnung. Die Gemeinkosten möchte es auf seine drei Hauptkostenstellen (Material-, Fertigungs- und Verwaltungskostenstelle) verteilen. Den Hauptkostenstellen ist eine allgemeine Kostenstelle vorgeschaltet, die von den anderen drei Kostenstellen im Verhältnis 2 : 7 : 3 beansprucht wird. Folgende primäre Gemeinkostenarten liegen vor: Die Arbeitskosten betragen laut Gehaltsliste TDM 100; sie können im Verhältnis 2 : 1 : 3 : 4 zugerechnet werden. Die kalkulatorischen Abschreibungen betragen TDM 2 (allgemeine KS), TDM 4 (Material-KS), TDM 28 (Fertigungs-KS) und TDM 6 (Verwaltungs- und Vertriebs-KS). Die sonstige primären Gemeinkosten (TDM 20) werden im Verhältnis 2 : 3 : 14 : 1 (Schätzung) verteilt.

Lösung:

BAB [DM]	Gesamt	allg. KS	Mat.-KS	Fert.-KS	Verw.-KS
Arbeitskosten	100.000	20.000	10.000	30.000	40.000
kalkulator. Abschreibungen	40.000	2.000	4.000	28.000	6.000
sonstige primäre Gemeink.	20.000	2.000	3.000	14.000	1.000
primäre Gemeinkosten	160.000	24.000	17.000	72.000	47.000
Umlage allgemeine KS		- 24.000	+ 4.000	+ 14.000	+ 6.000
Endkosten		0	**21.000**	**86.000**	**53.000**

Erklärung: Im oberen Teil werden die primären Kostenarten (zusammen **TDM 160**) verteilt; Ergebnis sind die nach Kostenstellen geordneten primären Gemeinkosten (TDM 24 + 17 + 72 + 47 = **TDM 160**). In der innerbetrieblichen Leistungsrechnung (unterer Teil) werden die Gesamtkosten der allgemeinen Kostenstelle, einer Hilfskostenstelle, vollständig auf die Hauptkostenstellen verteilt; die Endkosten sind also gleich null. Die Endkosten der Hauptkostenstellen (letzte Zeile) werden später in der Kostenträgerrechnung auf die Kostenträger verteilt. Weil auch hier die Kosten nur umverteilt werden, ist die Summe der Endkosten der Kostenstellen (TDM 21 + 86 + 53) wiederum gleich **TDM 160.**

Meistens ist die innerbetriebliche Leistungsrechnung komplizierter als in diesem Beispiel. Die **Struktur der Kostenstellenbeziehungen** kann einfach oder komplex sein:

- Bei der **einfachen Struktur** *lassen sich alle Kostenstellen so anordnen, daß stets nur vorgeordnete an nachgeordnete Stellen liefern*, aber nie nachgeordnete an vorgeordnete. Beispiel: Im obigen Beispiel wäre eine mögliche Anordnung allg. KS —> Mat.-KS —> Fert.-KS —> Verw.-KS. In der Abbildung auf S. 22, mittleres Beispiel: KS_1 —> KS_2 —> KS_3 —> KS_4; nicht jedoch KS_2 —> KS_1 —> KS_3 —> KS_4, weil KS_1 an KS_2 liefert.

- Bei der **komplexen Struktur** *liefert - für jede mögliche Anordnung - mindestens eine nachgeordnete Stelle an vorgeordnete Stellen* (Rückkoppelung). Beispiel: siehe unten.

Weil die Kostenstellenbeziehungen unterschiedlich strukturiert sind, existieren auch unterschiedliche Verfahren der innerbetrieblichen Leistungsrechnung, nämlich das Block-, das Treppen- und das Gleichungsverfahren:

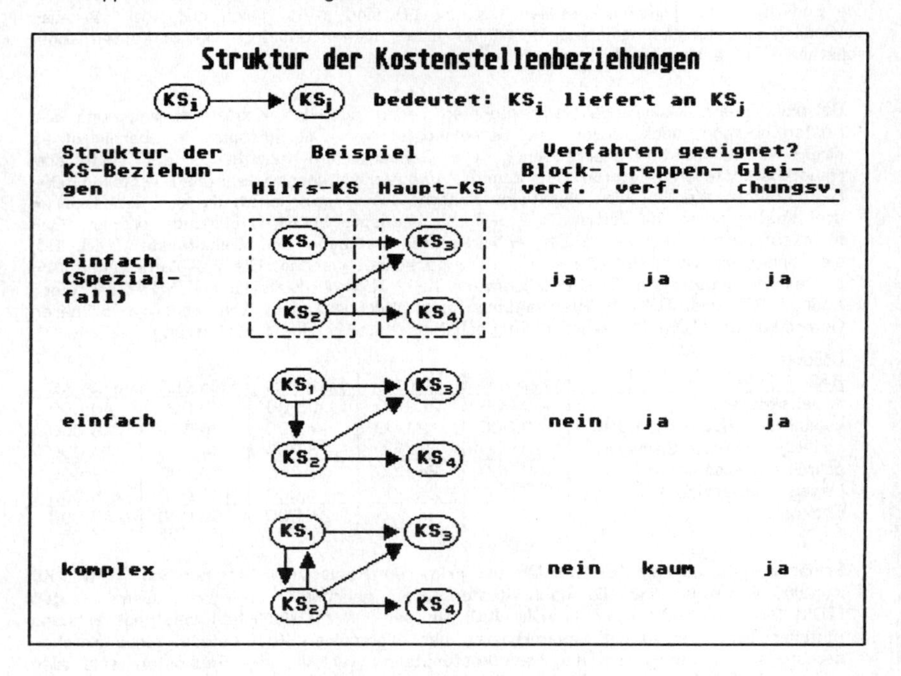

Die innerbetriebliche Leistungsrechnung nach einem der drei Verfahren kann bei der Istkostenrechnung erst *am Ende der Abrechnungsperiode* stattfinden, weil erst dann die Ist-Gemeinkosten bekannt sind. Dies wird mit einer Normalkostenrechnung vermieden.

Exkurs: Innerbetriebliche Leistungsrechnung mit einer Normalkostenrechnung

Bei einer Normalkostenrechnung (vgl. S. 9) werden die Stellen schon *während der Abrechnungsperiode* be- und entlastet, und zwar mit **normalisierten Verrechnungspreisen** (durchschnittlichen Verrechnungspreisen vergangener Abrechnungsperioden). Am Periodenende wird die innerbetriebliche Leistungsrechnung wie bei der Istkostenrechnung durchgeführt. Weil die normalisierten Verrechnungspreise i.d.R. nicht mit den am Periodenende ermittelten Verrechnungspreisen übereinstimmen, entstehen *Unter-* und *Über-*

deckungen. Sie werden direkt in die Kostenträgerzeitrechnung übernommen, d.h. die Be- und Entlastungen mit den normalisierten Verrechnungspreisen werden nicht korrigiert; andernfalls würde nicht die angestrebte Beschleunigung erreicht.

Ende des Exkurses

2.2.3.1 Blockverfahren

Das **Blockverfahren** (Anbauverfahren) ist das einfachste der drei Verfahren. Es beruht auf einer Trennung der Kostenstellen in **zwei Blöcke**, nämlich einen Block der Hilfs- und einen der Hauptkostenstellen.

- Bei den **Hilfskostenstellen** ergibt sich der Preis pro Mengeneinheit des innerbetrieblichen Gutes einer Kostenstelle (Verrechnungspreis) mit *ihren primären Kosten dividiert durch die an die Hauptkostenstellen abgegebenen Mengeneinheiten.*
- Bei den **Hauptkostenstellen** ergeben sich die Endkosten einer Kostenstelle mit *ihren primären Kosten plus den sekundären Kosten für die von den Hilfskostenstellen erhaltenen Mengeneinheiten.*

Die innerbetrieblichen Güter, die die Hilfskostenstellen (möglicherweise) untereinander austauschen oder (möglicherweise) von Hauptkostenstellen erhalten, werden also völlig vernachlässigt. Dieses Verfahren führt nur in einem *Spezialfall der einfachen Struktur der Kostenstellenbeziehungen* stets zur richtigen Lösung, in dem

1. die Hilfskostenstellen keine innerbetrieblichen Güter erhalten und
2. die Hauptkostenstellen keine innerbetrieblichen Güter fertigen.

D.h., nur die Hilfskostenstellen fertigen innerbetriebliche Güter, und dies nur für Hauptkostenstellen. Wenn das Blockverfahren in anderen Fällen angewendet wird, ist die Näherung i.d.R. so schlecht, daß die gewonnenen Daten unbrauchbar sind.

Beispiel: In einem Unternehmen gibt es zwei Hilfskostenstellen KS_1 und KS_2 sowie zwei Hauptkostenstellen KS_3 und KS_4. Die primären Gemeinkosten betragen TDM 50 (KS_1), TDM 20 (KS_2), TDM 400 (KS_3) und TDM 300 (KS_4). KS_1 leistet 3.000 Stunden, davon 600 Stunden für KS_2, 1.000 Stunden für KS_3 und 1.400 Stunden für KS_4. KS_2 produziert 2.000 m^3, davon 200 m^3 für KS_1, 1.200 m^3 für KS_3 und 600 m^3 für KS_4. Die Hauptkostenstellen geben keine Mengeneinheiten an andere Kostenstellen ab. KS_3 stellt 6.000 Stück der Absatzproduktart A her, KS_4 erzeugt 8.000 Stück der Absatzproduktart B. Es soll die innerbetriebliche Leistungsrechnung nach dem Blockverfahren durchgeführt werden.

Lösung:

$$p_1 = \frac{K_1^{prim}}{x_{1\to 3} + x_{1\to 4}} = \frac{50 \text{ TDM}}{1.000 \text{ h} + 1.400 \text{ h}} = \mathbf{20{,}83 \frac{DM}{h}}$$

$$p_2 = \frac{K_2^{prim}}{x_{2\to 3} + x_{2\to 4}} = \frac{20 \text{ TDM}}{1.200 \text{ m}^3 + 600 \text{ m}^3} = \mathbf{11{,}11 \frac{DM}{m^3}}$$

$$K_3 = K_3^{prim} + x_{1->3} \cdot p_1 + x_{2->3} \cdot p_2$$
$$= 400 \text{ TDM} + 1.000 \text{ h} \cdot 20{,}83 \text{ DM/h} + 1.200 \text{ m}^3 \cdot 11{,}11 \text{ DM/m}^3$$
$$= \mathbf{434.166{,}67 \text{ DM}}$$

$$K_4 = K_4^{prim} + x_{1->4} \cdot p_1 + x_{2->4} \cdot p_2$$
$$= 300 \text{ TDM} + 1.400 \text{ h} \cdot 20{,}83 \text{ DM/h} + 600 \text{ m}^3 \cdot 11{,}11 \text{ DM/m}^3$$
$$= \mathbf{335.833{,}33 \text{ DM}}$$

Die ermittelten Preise sind wegen der komplexen Struktur nur eine sehr grobe Näherung, wie sich anhand der nächsten Beispiele zeigen wird, in denen dieselben Werte verwendet werden.

2.2.3.2 Treppenverfahren

Beim **Treppenverfahren** (Stufenleiterverfahren) werden die Hilfskostenstellen zunächst so angeordnet, daß sie keine (oder bei komplexer Struktur möglichst wenige) innerbetrieblichen Güter an vorgeordnete Hilfskostenstellen liefern; d.h. die vorgeordneten Stellen erhalten keine (oder möglichst wenige) innerbetriebliche Güter von nachgeordneten Stellen. (Häufig ist allerdings die Anordnung der Kostenstellen bereits vorgegeben.)

Anschließend werden die Verrechnungspreise in dieser Reihenfolge ermittelt. Dabei ergibt sich der Preis pro Mengeneinheit einer jeden Hilfskostenstelle als *Summe aus ihren primären Kosten und ihren sekundären Kosten von vorgeordneten Hilfskostenstellen, dividiert durch die Zahl der an nachgeordnete Kostenstellen abgegebenen Mengeneinheiten.*

Weil die erste Stelle keine vorgeordneten Stellen hat und alle anderen Stellen nachgeordnet sind, ergibt sich ihr Preis pro Mengeneinheit aus ihren primären Kosten dividiert durch die Zahl der von ihr insgesamt abgegebenen Mengeneinheiten. Bei der zweiten Stelle werden als sekundäre Kosten die von der ersten an die zweite Stelle gelieferten Mengeneinheiten berücksichtigt, bei der dritten Stelle die von der ersten und zweiten an die dritte Stelle gelieferten Mengeneinheiten usw.

Wenn eine einfache Struktur vorliegt, führt dieses Verfahren zum richtigen Ergebnis; anderenfalls ist es ein Näherungsverfahren. In jedem Fall ist es weniger zeitaufwendig als das Gleichungsverfahren.

Beispiel: Im Beispiel auf S. 23 sind die Preise pro Mengeneinheit nach dem Treppenverfahren zu errechnen.

Lösung: Wegen der komplexen Struktur werden Hilfskostenstellen so angeordnet, daß sie möglichst wenige innerbetriebliche Güter an vorgeordnete Stellen liefern. Die Anordnung 1. KS_1 und 2. KS_2 erfüllt diese Forderung: KS_2 liefert eine nur geringe Menge (200 m^3) an die vorgelagerte KS_1. Deswegen werden die Preise in dieser Reihenfolge ermittelt.

$$p_1 = \frac{K_1^{prim}}{x_{1->2} + x_{1->3} + x_{1->4}} = \frac{50 \text{ TDM}}{600 \text{ h} + 1.000 \text{ h} + 1.400 \text{ h}} = \mathbf{16{,}67 \ \frac{DM}{h}}$$

$$p_2 = \frac{K_2^{prim} + K_{1->2}^{sek}}{x_{2->3} + x_{2->4}} = \frac{20 \text{ TDM} + 600 \text{ h} \cdot 16{,}67 \text{ DM/h}}{1.200 \text{ m}^3 + 600 \text{ m}^3} = \mathbf{16{,}67 \frac{DM}{m^3}}$$

$$K_3 = K_3^{prim} + K_{1->3}^{sek} + K_{2->3}^{sek}$$
$$= 400 \text{ TDM} + 1.000 \text{ h} \cdot 16{,}67 \text{ DM/h} + 1.200 \text{ m}^3 \cdot 16{,}67 \text{ DM/m}^3$$
$$= \mathbf{436.666{,}67 \text{ DM}}$$

$$K_4 = K_4^{prim} + K_{1->4}^{sek} + K_{2->4}^{sek}$$
$$= 300 \text{ TDM} + 1.400 \text{ h} \cdot 16{,}67 \text{ DM/h} + 600 \text{ m}^3 \cdot 16{,}67 \text{ DM/m}^3$$
$$= \mathbf{333.333{,}33 \text{ DM}}$$

Die Lösung ist aufgrund der komplexen Struktur wiederum nur um eine Näherungslösung. Der BAB sieht wie folgt aus (aus der "treppenförmigen" Umlage der sekundären Kosten bezieht das Treppenverfahren seinen Namen):

BAB [DM]	Hilfskostenstellen		Hauptkostenstellen	
	KS_1	KS_2	KS_3	KS_4
primäre Gemeinkostenart 1	...	...	...	...
...	...	...	...	...
primäre Gemeinkostenart m	...	...	...	...
Summe der prim. Gemeink.	50.000,00	20.000,00	400.000,00	300.000,00
Innerbetriebl. Leistungsrechng.				
Kostenstelle 1 16,67 DM/h	└──>	10.000,00	16.666,67	23.333,33
Kostenstelle 2 16,67 DM/m³		└──>	20.000,00	10.000,00
			436.666,67	**333.333,33**

2.2.3.3 Gleichungsverfahren

Beim **Gleichungsverfahren** (mathematisches Verfahren) wird das Ergebnis mit einem *System linearer Gleichungen* ermittelt, wobei für jede am Güteraustausch teilnehmende Kostenstelle (z.B. für alle Hilfskostenstellen) eine Gleichung aufgestellt wird. Das Gleichungsverfahren ist zwar das langwierigste der drei Verfahren, aber das einzige, welches unabhängig von der Struktur der Kostenstellenbeziehungen stets zum richtigen Ergebnis führt.

In einem Unternehmen mit n Kostenstellen ergibt sich der Preis einer Mengeneinheit einer beliebigen Kostenstelle KS_i aus ihren Kosten K_i dividiert durch die Zahl der hergestellten Mengeneinheiten x_i:

$$p_i = \frac{K_i}{x_i}$$

Die Kosten dieser Kostenstelle K_i setzen sich aus primären und sekundären Kosten zusammen (vgl. S. 20 f.). Damit ergibt sich die Gleichung

$$KS_i: \quad x_i \cdot p_i = K_i^{prim} + K_i^{sek}.$$

Die sekundären Kosten der KS_i sind wiederum gleich der Summe

- aller von den anderen Kostenstellen empfangenen *Mengeneinheiten*, d.h. aller $x_{j->i}$ mit j gleich 1 bis n, jedoch ohne i,
- jeweils multipliziert mit ihren - noch unbekannten - *Preisen* p_j,

so daß sich folgende Gleichung für die Kostenstelle i ergibt:

$$KS_i: \quad x_i \cdot p_i = K_i^{prim} + \sum_{\substack{j=1 \\ j \neq i}}^{n} x_{j->i} \cdot p_j$$

Eine solche Gleichung ist für jede betroffene Kostenstelle aufzustellen. Allgemein:

$$\begin{array}{llllllll}
KS_1: & x_1 \cdot p_1 = K_1^{prim} & & + x_{2->1} \cdot p_2 & + x_{3->1} \cdot p_3 & + & \ldots & + x_{n->1} \cdot p_n \\
KS_2: & x_2 \cdot p_2 = K_2^{prim} & + x_{1->2} \cdot p_1 & & + x_{3->2} \cdot p_3 & + & \ldots & + x_{n->2} \cdot p_n \\
KS_3: & x_3 \cdot p_3 = K_3^{prim} & + x_{1->3} \cdot p_1 & + x_{2->3} \cdot p_2 & & + & \ldots & + x_{n->3} \cdot p_n \\
\vdots & \vdots & \vdots & \vdots & \vdots & & & \vdots \\
KS_n: & x_n \cdot p_n = K_n^{prim} & + x_{1->n} \cdot p_1 & + x_{2->n} \cdot p_2 & + & \ldots & + x_{(n-1)->n} \cdot p_n &
\end{array}$$

Dieses lineare Gleichungssystem kann mit den üblichen mathematischen Verfahren gelöst werden. (Z.B. Ersetzen einer Gleichung durch die Summe des c-fachen der Gleichung mit dem d-fachen einer anderen Gleichung - c und d sind beliebige Konstanten ungleich null -, und zwar so, daß eine Variable herausfällt. Dieses Verfahren wird solange fortgesetzt, bis sich der Wert der ersten Variable ergibt. Die restlichen Variablen werden dann durch Einsetzen ermittelt.)

Nach der Lösung des Gleichungssystems werden die Endkosten bestimmt, indem die empfangenden Stellen belastet und die liefernden Stellen entlastet werden.

Beispiel: Im Beispiel auf S. 23 sind die Preise pro Mengeneinheit nach dem Gleichungsverfahren zu errechnen.

Lösung: Lösen der linearen Gleichungen:

$$\begin{array}{lrcl}
KS_1: & x_1 \cdot p_1 & = & K_1^{prim} + x_{2->1} \cdot p_2 \\
KS_2: & x_2 \cdot p_2 & = & K_2^{prim} + x_{1->2} \cdot p_1 \\
\\
(1) & 3.000 \text{ h} \cdot p_1 & = & 50 \text{ TDM} + 200 \text{ m}^3 \cdot p_2 \\
(2) & 2.000 \text{ m}^3 \cdot p_2 & = & 20 \text{ TDM} + 600 \text{ h} \cdot p_1 \\
\\
(1a) & 30.000 \text{ h} \cdot p_1 & = & 500 \text{ TDM} + 2.000 \text{ m}^3 \cdot p_2 \\
(2a) & -600 \text{ h} \cdot p_1 & = & 20 \text{ TDM} - 2.000 \text{ m}^3 \cdot p_2 \\
\\
(3) & 29.400 \text{ h} \cdot p_1 & = & 520 \text{ TDM} \\
 & \mathbf{p_1} & \mathbf{=} & \mathbf{17{,}69 \text{ DM/h}} \\
\\
(2) & 2.000 \text{ m}^3 \cdot p_2 & = & 20 \text{ TDM} + 600 \text{ h} \cdot 17{,}69 \text{ DM/h} \\
 & \mathbf{p_2} & \mathbf{=} & \mathbf{15{,}31 \text{ DM/m}^3}
\end{array}$$

BAB [TDM]	Hilfskostenstellen		Hauptkostenstellen	
	KS_1	KS_2	KS_3	KS_4
prim. Gemeinkostenart 1	...	...	...	...
...	...	...	...	...
prim. Gemeinkostenart n	...	...	...	...
prim. Gemeinkosten	50.000,00	20.000,00	400.000,00	300.000,00
Innerbetr. Lstgs.rg.				
KS_1: 17,69 DM/h	-53.061,22	+10.612,24	+17.687,08	+24.761,90
KS_2: 15,31 DM/m³	+3.061,22	-30.612,24	+18.367,35	+9.183,67
Endkosten	**0,00**	**0,00**	**436.054,43**	**333.945,57**

$$K_3 = K_3^{prim} + K_{1\to3}^{sek} + K_{2\to3}^{sek}$$

$$400 \text{ TDM} + 1.000 \text{ h} \cdot 17{,}69 \text{ DM/h} + 1.200 \text{ m}^3 \cdot 15{,}31 \text{ DM/m}^3$$

$$= \mathbf{436.054{,}43\ DM}$$

$$K_4 = K_4^{prim} + K_{1\to4}^{sek} + K_{2\to4}^{sek}$$

$$= 300 \text{ TDM} + 1.400 \text{ h} \cdot 17{,}69 \text{ DM/h} + 600 \text{ m}^3 \cdot 15{,}31 \text{ DM/m}^3$$

$$= \mathbf{333.945{,}57\ DM}$$

Diese Lösungen sind keine Näherungen, sondern die exakten Ergebnisse, was sich durch Einsetzen in die obigen Gleichungen feststellen läßt. Damit wird auch der Vergleich mit den Ergebnissen der anderen Verfahren möglich: Erwartungsgemäß ist der Fehler bei p_1 und p_2 beim Treppenverfahren geringer als beim Blockverfahren.

2.3 Kostenträgerstückrechnung

In der Kostenartenrechnung wurden die Gesamtkosten der Periode vollständig erfaßt und nach Kostenarten (sowie weiteren Kriterien) strukturiert. In der Kostenstellenrechnung wurden die Gemeinkosten den Hauptkostenstellen zugerechnet.

Aufgabe der **Kostenträgerrechnung** ist nun, festzustellen, wofür (d.h. für welche Kostenträger, z.B. für welche Produktarten oder Aufträge) die Kosten angefallen sind. In einer Vollkostenrechnung werden die gesamten Kosten der Periode (Einzel- und Gemeinkosten; variable und fixe Kosten) auf die Kostenträger verteilt.

Die Kostenträgerrechnung wird in die Kostenträgerstückrechnung, bei der die Kosten pro Mengeneinheit (Stückkosten, Selbstkosten), und die Kostenträgerzeitrechnung (Abschnitt 2.4), bei der die Kosten pro Abrechnungsperiode betrachtet werden, eingeteilt.

Die **Kostenträgerstückrechnung** (Kalkulation, Selbstkostenrechnung) kann als Vor-, Zwischen- oder Nachkalkulation aufgestellt werden.

- Die **Vorkalkulation** (Angebotskalkulation) wird zur Lösung von Planungsaufgaben verwendet. Beispiel: Entscheidung über die Annahme eines Auftrags. Als Erfahrungswerte dienen in einer Istkostenrechnung die Istkosten der Vorperiode.

- Bei der **Zwischenkalkulation** werden die bis zum Zeitpunkt der Kalkulation entstandenen Istkosten ermittelt. Zwischenkalkulationen sind insbesondere bei Kostenträgern mit langer Produktionsdauer erforderlich. Beispiele: Schiffbau, Hausbau. Sie werden zur Lösung von Kontrollaufgaben und von Publikationsaufgaben (Bewertung der unfertigen Erzeugnisse im Jahresabschluß, vgl. ***Bilanzen***, Abschnitt 2.4.1.1) verwendet.
- Die **Nachkalkulation** wird nachträglich auf der Basis der entstandenen Istkosten durchgeführt. In einer Istkostenrechnung wird sie zur Lösung von Kontrollaufgaben eingesetzt und ist Grundlage für neue Kalkulationen.

Weil es unterschiedliche **Produktionsverfahren** gibt, existieren auch unterschiedliche **Kalkulationsverfahren**. Dabei bestimmt das Produktionsverfahren, welches Kalkulationsverfahren anzuwenden ist:

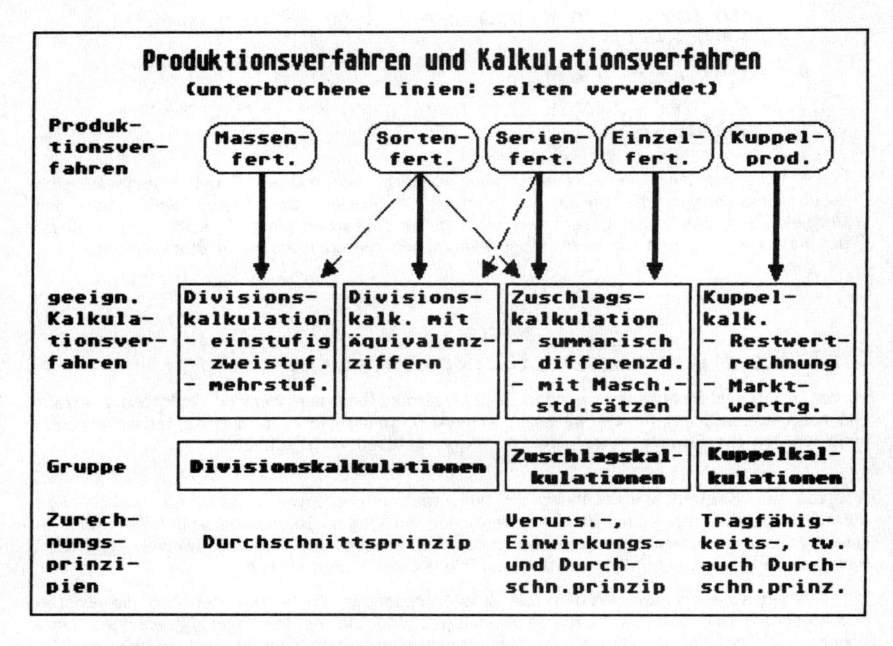

- Bei der **Massenfertigung** wird <u>eine</u> Produktart in großen Mengen einheitlich hergestellt (Einproduktfertigung, evtl. mit Vorprodukten). Beispiele: Elektrizitätswerke, Tongruben, Zementfabriken, Mineralbrunnen. Bei Massenfertigung wird die *ein-*, *zwei-* oder *mehrstufige Divisionskalkulation* angewendet (Abschnitte 2.3.1.1 bis 2.3.1.3).
- Bei der **Sortenfertigung** werden gleichartige, typischerweise unkompliziert aufgebaute Produktarten in einem einheitlichen Produktionsprozeß hergestellt; die Produktarten unterscheiden sich lediglich in Größe oder Zusammensetzung. Beispiele: Bleche un-

terschiedliche Dicke, unterschiedliche Biersorten. Für die Sortenfertigung eignet sich die *Divisionskalkulation mit Äquivalenzziffern* (Abschnitt 2.3.1.4).

- Bei der **Serienfertigung** werden unterschiedliche, typischerweise kompliziert aufgebaute Produktarten hergestellt. Die Produkte einer Serie werden nach Ablauf einer bestimmten Zeit endgültig durch eine neue Serie ersetzt. Beispiel: Automobilproduktion. Bei der **Einzelfertigung** werden individuelle Produkte hergestellt. Beispiele: Großschiffbau, Anlagenbau. Bei Serien- und Einzelfertigung werden *Zuschlagskalkulationen* (Abschnitt 2.3.2) verwendet.
- Die **Kuppelproduktion** ist ein Sonderfall, der entsteht, wenn in einem Produktionsprozeß zwangsläufig mehrere unterschiedliche Produktarten entstehen. Beispiele: Chemische Industrie, Raffinerie zur Herstellung von Heizöl und Benzin, Zuckerherstellung, Herstellung von Koks und Gas. Für die Kuppelproduktion werden die *Kuppelkalkulationen* benutzt (Abschnitt 2.3.3).

In der Praxis treten häufig Kombinationen dieser Produktionsverfahren auf, beispielsweise Sortenfertigung und Kuppelproduktion innerhalb mehrstufiger Fertigungsprozesse. In diesen Fällen werden die hier aufgeführten Kalkulationsverfahren kombiniert.

Die Kalkulationsverfahren lassen sich also in **drei Gruppen** einteilen: Divisionskalkulationen, Zuschlagskalkulationen und Kuppelkalkulationen. Entsprechend ist der Abschnitt Kostenträgerstückrechnung gegliedert.

2.3.1 Divisionskalkulationen

Bei den **Divisionskalkulationen** werden die gesamten Kosten der Abrechnungsperiode (Einzel- und Gemeinkosten) nach dem Durchschnittsprinzip auf die in diesem Zeitraum erstellten Kostenträger verteilt. Eine Trennung der Kosten in Einzel- und Gemeinkosten, wie sie in Zuschlagskalkulationen (Abschnitt 2.3.2) durchgeführt wird, entfällt. Deswegen ist eine *Kostenstellenrechnung für die Divisionskalkulationen nicht erforderlich:* Die Kosten können direkt der Kostenartenrechnung entnommen werden. Wird trotzdem eine Kostenstellenrechung durchgeführt, geschieht dies nicht wegen ihrer Kostenvermittlungs-, sondern ihrer Kostenkontrollfunktion (vgl. S. 18).

Divisionskalkulationen werden bei *ein-* und *mehrstufiger Massenfertigung* sowie bei *Sortenfertigung* angewendet; entsprechend ist der Abschnitt in die ein-, zwei- und mehrstufige Divisionskalkulation sowie die Divisionskalkulation mit Äquivalenzziffern eingeteilt.

Mehrstufige Fertigung bedeutet, daß eine Produktart in mehreren, in Reihe geschalteten Produktionsstufen hergestellt wird. Für die Kostenrechnung ist dies wichtig, weil dann nach jeder Produktionsstufe *unfertige Güter* entstehen können, deren Lagerbestände sich möglicherweise verändern (Auf- oder Abbau der Zwischenläger).

2.3.1.1 Einstufige Divisionskalkulation

Die **einstufige Divisionskalkulation** ist die einfachste Form der Divisionskalkulation. Sie kann bei der *einstufigen Massenfertigung* angewendet werden, wenn die hergestellte Menge x_P gleich der abgesetzten Menge x_A ist, d.h. der Lagerbestand an fertigen Gütern sich nicht ändert (kein Lageraufbau oder -abbau).

Die **Stückkosten** ergeben sich als Gesamtkosten der Abrechnungsperiode K dividiert durch die Zahl der in der Periode produzierten (und abgesetzten) Mengeneinheiten:

$$k = \frac{K}{x} \qquad \text{mit } x_P = x_A = x$$

Die einstufige Divisionskalkulation kann auch bei der *mehrstufigen Massenfertigung* angewendet werden, wenn sich die Lagerbestände der unfertigen Güter nicht verändern. Jedoch ist die einstufige Divisionskalkulation in der Praxis aufgrund ihrer restriktiven Voraussetzungen kaum relevant.

Beispiel: Ein Einprodukt-Unternehmen produziert und verkauft in einem Monat 1.000 Mengeneinheiten bei einstufiger Fertigung und Gesamtkosten von TDM 50.

Lösung: Die Stückkosten betragen $k = \mathbf{50\,\frac{DM}{ME}}$.

2.3.1.2 Zweistufige Divisionskalkulation

Die Voraussetzung unveränderter Lagerbestände an fertigen Gütern wird bei der **zweistufigen Divisionskalkulation** aufgehoben. Sie kann bei der *einstufigen Massenfertigung* angewendet werden, wenn hergestellte und abgesetzte Menge ungleich sind.

Die zweistufige Divisionskalkulation beruht auf einer Teilung der gesamten Kosten der Abrechnungsperiode (K) in **Herstellkosten** (K_H), **Verwaltungskosten** (K_{Vw}) und **Vertriebskosten** (K_{Vt}). Dabei werden die Herstellkosten auf die produzierte und die Vertriebskosten auf die abgesetzte Menge bezogen. Die Verwaltungskosten lassen sich kaum eindeutig zuordnen; überwiegend werden sie ebenfalls auf die abgesetzte Menge bezogen (die Alternative ist, sie teilweise oder ganz auf die produzierte Menge zu beziehen). Die **Stückkosten** ergeben sich dann als Summe der Herstellkosten je Mengeneinheit und Verwaltungs- und Vertriebskosten je Mengeneinheit:

$$k = \frac{K_H}{x_P} + \frac{K_{Vw} + K_{Vt}}{x_A}$$

Der Begriff *Herstellkosten* ist nicht mit dem handelsrechtlichen Begriff *Herstellungskosten* identisch, welcher im externen Rechnungswesen verwendet wird; beispielsweise können die Herstellungskosten auch die Verwaltungsgemeinkosten enthalten (Aktivierungswahlrecht; vgl. ***Bilanzen***, Abschnitt 2.4.1.1). - Die zweistufige Divisionskalkulation kann auch bei der *mehrstufigen Massenfertigung* benutzt werden, wenn sich die Lagerbestände der unfertigen Güter nicht verändern.

Beispiel: Im folgenden Monat produziert das Unternehmen aus dem letzten Beispiel 1.100 ME, kann aber nur 900 ME absetzen. Es sind TDM 43 Herstellkosten, TDM 5 Verwaltungskosten und TDM 2 Vertriebskosten entstanden.

Lösung: Die Stückkosten betragen

$$k = \frac{\text{TDM } 43}{1.100 \text{ ME}} + \frac{\text{TDM } 5 + \text{TDM } 2}{900 \text{ ME}} = 39{,}09 \frac{\text{DM}}{\text{ME}} + 7{,}78 \frac{\text{DM}}{\text{ME}} = \mathbf{46{,}87 \frac{DM}{ME}}$$

2.3.1.3 Mehrstufige Divisionskalkulation

Mit der **mehrstufigen Divisionskalkulation** (Stufenkalkulation), die bei der *mehrstufigen Massenfertigung* angewendet wird, wird die bisher erforderliche Voraussetzung gleichbleibender Lagerbestände an unfertigen Gütern aufgehoben. Bestandsveränderungen an fertigen Gütern sind - wie bei der zweistufigen Divisionskalkulation - weiterhin zulässig. Überdies ist der Fall eingeschlossen, daß nicht nur die Produktart (das fertige Gut) verkauft wird, sondern auch seine Vorprodukte (unfertige Güter), beispielsweise als Ersatzteile.

Die **Stückkosten** werden bei dieser Kalkulation je Stufe getrennt ermittelt:

- Bei der ersten Stufe werden die Stückkosten des bisher nur in dieser Stufe bearbeiteten unfertigen Gutes (k_1) wie bei der einstufigen Divisionskalkulation berechnet.
- In den folgenden Stufen, z.B. der Stufe II, sind die Stückkosten des von der ersten bis zu dieser Stufe bearbeiteten unfertigen Gutes (k_2) gleich den Kosten der von der Vorstufe erhaltenen Mengeneinheiten *plus* den eigenen Kosten der Stufe (K_2^*), dividiert durch die Zahl der in dieser Stufe hergestellten Mengeneinheiten (x_2).
- Bei der letzten Stufe ergeben sich die gesamten Stückkosten ($k = k_n$).

Stufe I: $k_1 = \frac{K_1^*}{x_1}$

Stufe II: $k_2 = \frac{x_{1\to 2} \cdot k_1 + K_2^*}{x_2}$

⋮

Stufe n: $k = k_n = \frac{x_{(n-1)\to n} \cdot k_{(n-1)} + K_n^*}{x_n}$

Beispiel: Ein Unternehmen stellt in einer Periode 1.000 Stück des Vorproduktes I her (Kosten: TDM 20), von denen 100 verkauft werden und 900 der Herstellung des Vorproduktes II dienen (Kosten: ohne Kosten des Vorproduktes I TDM 6). Vom Vorprodukt II werden 800 Stück hergestellt, von denen wiederum 100 verkauft werden; der Rest fließt in die Produktion von III ein. Von Produktart III, dem fertigen Gut, werden 600 Stück hergestellt (Kosten ohne Vorprodukte: TDM 15). Wie groß sind die Stückkosten?

$$k_I = \frac{\text{TDM } 20}{1.000 \text{ Stück}} = \mathbf{20{,}- \frac{DM}{St.}}$$

$$k_{II} = \frac{900 \text{ St.} \cdot \text{DM } 20,- + \text{TDM } 6}{800 \text{ St.}} = \mathbf{30,-} \ \frac{\mathbf{DM}}{\mathbf{St.}}$$

$$k_{III} = \frac{700 \text{ St.} \cdot \text{DM } 30,- + \text{TDM } 15}{600 \text{ St.}} = \mathbf{60,-} \ \frac{\mathbf{DM}}{\mathbf{St.}} = \mathbf{k}$$

2.3.1.4 Divisionskalkulation mit Äquivalenzziffern

Die **Divisionskalkulation mit Äquivalenzziffern** eignet sich für die *Sortenfertigung*, wobei wiederum vorausgesetzt wird, daß produzierte und abgesetzten Menge gleich sind.

Sie beruht auf der Annahme, daß *die Stückkosten der einzelnen Sorten in einem langfristig konstanten Verhältnis zueinander stehen*. Dies ist plausibel, weil Sorten definitionsgemäß gleichartig sind und in einem einheitlichen Produktionsprozeß hergestellt werden (vgl. S. 28 f.). Diese Stückkostenverhältnisse werden durch Verhältniszahlen wiedergegeben, die **Äquivalenzziffern** (ÄZ; Gewichtungsziffern, Umrechnungsfaktoren) genannt werden. Äquivalenzziffern lassen sich wie folgt ermitteln:

Zunächst wird eine **Einheitssorte** festgelegt (beispielsweise die Sorte mit der größten Produktionsmenge). Sie erhält die Äquivalenzziffer 1. Alle anderen Sorten erhalten Äquivalenzziffern im Verhältnis zur Einheitssorte. Beispiel: Sind die Stückkosten einer Sorte 30 % größer als die Stückkosten der Einheitssorte, erhält sie die Äquivalenzziffer 1,3. Die Äquivalenzziffern werden einmalig für mehrere Abrechnungsperioden ermittelt.

Am Ende jeder Periode werden die produzierten Mengen der einzelnen Sorten mit den Äquivalenzziffern *auf die Einheitssorte umgerechnet*. Die Sorten werden damit rechnerisch zur Einheitssorte gemacht. Die gesamten Kosten der Periode können dann im Verhältnis der Summe der auf diese Weise gewonnenen **Einheitsmengen** (Rechnungseinheiten) gemäß dem Durchschnittsprinzip verteilt werden. Anschließend lassen sich die Stückkosten der übrigen Sorten bestimmen.

Mathematisch geschieht dies in vier Schritten; der erste Schritt findet einmalig für mehrere Perioden statt, die anderen Schritte am Ende jeder Periode:

1. **Äquivalenzziffer** (einer Sorte) $= \dfrac{\text{Stückkosten dieser Sorte}}{\text{Stückkosten der Einheitssorte}}$
2. **Einheitsmenge** (einer Sorte) = Produktionsmenge dieser Sorte · Äquivalenzziffer
3. **Stückkosten der Einheitssorte** $= \dfrac{\text{Gesamtkosten}}{\text{Summe der Einheitsmengen}}$
4. **Stückkosten der übrigen Sorten** = Stückkosten der Einheitssorte · Äquivalenzziffer

Die Richtigkeit des Verfahrens läßt sich auch beweisen. (Für den interessierten Leser in Kürze: Bezeichnet der Index i die Sorten und ist Sorte 1 die Einheitssorte, dann gilt für die Äquivalenzziffern: $ÄZ_i = k_i/k_1$ (erster Schritt) bzw. $k_i = k_1 \cdot ÄZ_i$ (vierter Schritt) für alle i; für die gesamten Kosten gilt: $K = \sum K_i = \sum x_i \cdot k_i = \sum x_i \cdot k_1 \cdot ÄZ_i = k_1 \cdot \sum x_i \cdot ÄZ_i$; daraus folgt: $k_1 = K/(\sum x_i \cdot ÄZ_i)$ (dritter Schritt).)

Beispiel: Ein Unternehmen stellt die Produktarten I, II und III her. Die Produktionsmengen betragen 25.000 (I), 15.000 (II) und 10.000 Stück (III). In einer Untersuchung, die vor einigen Perioden durchgeführt wurde, wurde das Stückkostenverhältnis

1 : 1,25 : 2

festgestellt; Einheitssorte ist Produktart I. Aus der Kostenartenrechnung ist dem Unternehmen die Summe aller primären Kosten bekannt (TDM 25.500). Wie hoch sind die Kosten je Produktart und je Mengeneinheit?

Lösung:

(1)	(2)	(3)	(4)	(5)	(6)
Größe:	x	ÄZ	EM	k	K
Einheit:	Stück	Stück	Stück	DM/ME	DM
Erklärung:	gegeben	gegeb.	(2) · (3)	400 · (3)	(2) · (5)
I	25.000	1	25.000	**400**	**10.000.000**
II	15.000	1,25	18.750	**500**	**7.500.000**
III	10.000	2	20.000	**800**	**8.000.000**
			63.750		

Erklärung: Die Stückkosten der Einheitssorte betragen gemäß Schritt 3 auf S. 32:

$$\text{Stückkosten der Einheitssorte} = \frac{\text{TDM } 25.500}{63.750 \text{ Stück}} = \mathbf{400} \ \frac{\mathbf{DM}}{\mathbf{St.}}$$

Die Kontrolle ergibt, daß die gesamten Kosten vollständig verteilt wurden:

TDM 10.000 + TDM 7.500 + TDM 8.000 = **TDM 25.500**.

Würde für die Ermittlung der Stückkosten die gesamte Produktionsmenge 25.000 + 15.000 + 10.000 = 50.000 Stück verwendet (TDM 25.500/50.000 St. = 510 DM/St.), wäre das Ergebnis sinnlos, weil sich die Produktionsmengen auf Produktarten mit unterschiedlichen Stückkosten beziehen. Deswegen werden die Produktionsmengen der Produktarten II und III so umgerechnet, daß der Einheitssorte *äquivalente* Mengen entstehen: 15.000 Stück von II entsprechen 18.750 Stück der Einheitssorte und 10.000 Stück von III 20.000 Stück der Einheitssorte. Damit ist eine *fiktive Produktion* von 25.000 + 18.750 + 20.000 = 63.750 Stück der Einheitssorte der *tatsächlichen Produktion* von 25.000 Stück der Einheitssorte, 15.000 Stück von II und 10.000 Stück von III äquivalent. Anschließend werden die Stückkosten der Einheitssorte ermittelt, indem - wie bei der einstufigen Divisionskalkulation - die Selbstkosten durch die fiktive Produktion der Einheitssorte geteilt werden.

2.3.2 Zuschlagskalkulationen

Die **Zuschlagskalkulationen** werden bei *Serien-* und bei *Einzelfertigung* angewendet (vgl. S. 29). Sie beruhen - im Gegensatz zu den Divisionskalkulationen - auf der Trennung der Kosten in Einzel- und Gemeinkosten:

- Die **Einzelkosten** werden der Kostenartenrechnung entnommen und den Kostenträgern direkt nach dem Verursachungsprinzip (ggf. Einwirkungsprinzip) zugerechnet (vgl. S. 18). Den Kostenträgern werden soviele Kosten wie möglich und wirtschaftlich vertretbar als Einzelkosten direkt zugeordnet, um vermeidbare Fehler zu verhindern.

- Die - unechten und echten - **Gemeinkosten** (= Endkosten der Hauptkostenstellen) werden der Kostenstellenrechnung entnommen und den Kostenträgern indirekt nach dem Durchschnittsprinzip mit geeigneten Gemeinkosten-Zuschlagssätzen zugerechnet.

Die **Gemeinkosten-Zuschlagssätze** (Z; Zuschlagssätze, Kalkulationssätze) ergeben sich, indem bestimmte *Gemeinkosten* (z.B. Materialgemeinkosten) durch bestimmte *Zuschlagsgrundlagen* (z.B. Materialeinzelkosten) dividiert werden. Sie geben also die Gemeinkosten pro Einheit der Zuschlagsgrundlage wieder. Entsprechend diesen Zuschlagssätzen werden die Gemeinkosten den Einzelkosten eines jeden Kostenträgers zugeschlagen.

Die **Zuschlagsgrundlage** (Schlüsselgröße, Zuschlagsbasis) soll zwei Bedingungen erfüllen:

1. Sie muß die *Beanspruchung* der entsprechenden Kostenstelle durch einen Kostenträger wiedergeben und
2. zwischen der Zuschlagsgrundlage und den entsprechenden Gemeinkosten muß eine *Abhängigkeit* bestehen.

Beispiel: Welche Zuschlagsgrundlage ist für die Materialgemeinkosten, d.h. die Kosten der Materialkostenstelle (z.B. Löhne der Lagerarbeiter; vgl. S. 18), geeignet?

Die Materialeinzelkosten (Fertigungsmaterial) sind dafür i.d.R. gut geeignet, weil sie die Beanspruchung der Materialkostenstelle akzeptabel wiedergeben. Die Höhe der Materialgemeinkosten hängt vom Wert des in der Abrechnungsperiode verbrauchten Fertigungsmaterials ab: Der Wert des Fertigungsmaterials ist ein brauchbarer Maßstab für den benötigten Lagerraum, die Kapitalbindung, die Beanspruchung des Lagerpersonals durch Prüfungs- und Überwachungsvorgänge etc. (= Materialgemeinkosten).

Eine **Vorkalkulation** (vgl. S. 27) wird bei den Zuschlagskalkulationen wie folgt durchgeführt: Die Materialeinzelkosten (Fertigungsmaterial) werden z.B. den Stücklisten oder Konstruktionszeichnungen entnommen und die Fertigungseinzelkosten (Fertigungslöhne) z.B. aus Ist-Fertigungseinzelkosten in der Vorperiode ermittelt. Die Gemeinkosten werden dann mit Hilfe der Zuschlagssätze berechnet. Im Anschluß an die Fertigung wird eine **Nachkalkulation** durchgeführt und mit der Vorkalkulation verglichen.

Weil sich die Zuschlagssätze aus den tatsächlich entstandenen Kosten (Istkosten) ergeben, sind sie **Istzuschlagssätze**. Sie können ausschließlich für Nachkalkulationen verwendet werden, weil sie erst am Ende der Abrechnungsperiode bekannt werden. Für Vorkalkulationen werden die Istzuschlagssätze der Vorperiode benutzt. Jedoch schwanken die Istzuschlagssätze meist von Periode zu Periode. Deswegen sind auch Normalzuschlagssätze möglich.

Exkurs: Zuschlagskalkulation mit einer Normalkostenrechnung

Bei einer Normalkostenrechnung (vgl. auch S. 22 f.) werden **Normalzuschlagssätze**, also durchschnittliche Zuschlagssätze vergangener Abrechnungsperioden, verwendet, um die Kalkulation zu verstetigen. Am Periodenende werden dann die Ist-Endkosten mit den Normal-Endkosten verglichen; ergibt sich eine erhebliche *Unter-* oder *Überdeckung*, werden die Normalzuschlagssätze entsprechend geändert. Die Unter- und Überdeckungen werden direkt in die Kostenträgerzeitrechnung übernommen, d.h. die Kalkulationen mit den Normalzuschlagssätzen werden nicht korrigiert.

Ende des Exkurses

Es folgen nun die summarische Zuschlagskalkulation, die differenzierende Zuschlagskalkulation und die Zuschlagskalkulation mit Maschinenstundensätzen.

2.3.2.1 Summarische Zuschlagskalkulation

Bei der **summarischen Zuschlagskalkulation** werden die gesamten primären Gemeinkosten einer Abrechnungsperiode summarisch, d.h. mit einem Zuschlagssatz, den Kostenträgern zugerechnet. Zuschlagsgrundlage sind die gesamten Einzelkosten:

$$\text{Zuschlagssatz (Z)} = \frac{\text{gesamte primäre Gemeinkosten einer Periode}}{\text{gesamte Einzelkosten dieser Periode}} \cdot 100\ \%$$

Die **Stückkosten** jedes einzelnen der (bei Serienfertigung) unterschiedlichen, typischerweise kompliziert aufgebauten Kostenträger bzw. der (bei Einzelfertigung) individuellen Kostenträger (vgl. S. 29) werden nun ermittelt, indem auf seine Einzelkosten die Gemeinkosten mit dem Zuschlagssatz aufgeschlagen werden:

$$k = EK \cdot (1 + Z) \qquad \text{oder} \qquad k = EK + GK = EK + EK \cdot Z$$

Die Stückkosten eines Kostenträgers lassen sich also relativ einfach feststellen: Die *Einzelkosten* können dem Kostenträger direkt zugerechnet werden und sind deswegen bekannt; die *Gemeinkosten* werden mit einem Zuschlagssatz berechnet, der für alle Kostenträger nur einmal ermittelt zu werden braucht. - Allerdings beruht diese Form der Zuschlagskalkulation auf der fragwürdigen Annahme, daß sich die Summe aller Gemeinkosten einer Mengeneinheit proportional zur Summe aller Einzelkosten einer Mengeneinheit verhält. Sie ist deswegen nur bei einem geringen Gemeinkostenanteil vertretbar.

Beispiel: Ein Unternehmen möchte einen individuelles Produkt vorkalkulieren, für das DM 1.700,- Einzelkosten entstehen würden. Wie hoch sind die Stückkosten des zu fertigenden Produktes nach der summarischen Zuschlagskalkulation? In der vergangenen Periode betrugen die Einzelkosten TDM 250 und die Gemeinkosten TDM 286.

Lösung:

$$Z = \frac{GK}{EK} = \frac{\text{TDM } 286}{\text{TDM } 250} = 1{,}144 = \mathbf{114{,}4\ \%};$$

$$k = \text{DM } 1.700,- \cdot (1 + 1{,}144) = \mathbf{DM\ 3.644{,}80}$$

Wegen des hohen Anteils der Gemeinkosten ist das Ergebnis nicht befriedigend.

2.3.2.3 Differenzierende Zuschlagskalkulation

Die **differenzierende Zuschlagskalkulation** (elektive Zuschlagskalkulation) ist i.d.R. erheblich genauer als die summarische Zuschlagskalkulation. Die Gemeinkosten werden in mehrere Teile geteilt, für die getrennt Zuschlagssätze gebildet werden. Die Zuschlagssätze beziehen sich teils auf die entsprechenden Einzelkosten, teils auf die Herstellkosten des Umsatzes:

Material: $Z_M = \frac{GK_M}{EK_M} \cdot 100\ \%$ **Fertigung:** $Z_F = \frac{GK_F}{EK_F} \cdot 100\ \%$

Verwaltung: $Z_{Vw} = \frac{GK_{Vw}}{K_{H,U}} \cdot 100\ \%$ **Vertrieb:** $Z_{Vt} = \frac{GK_{Vt}}{K_{H,U}} \cdot 100\ \%$

Die Material-, Fertigungs-, Verwaltungs- und Vertriebsgemeinkosten sind die Endkosten der entsprechenden Kostenstelle(n) aus dem BAB (vgl. S. 18 ff.). Die Ermittlung der Zuschlagssätze kann unten an den BAB angehängt werden. - Kalkuliert wird mit dem folgenden umfassenden **Kalkulationsschema**:

(1)	EK_M	Materialeinzelkosten (Einzelmaterialkosten, Fertigungsmaterial)	
(2)	+ GK_M	Materialgemeinkosten (Endkosten der Mat.-KS)	$= Z_M \cdot (1)$
(3)	= $\mathbf{K_M}$	**Materialkosten**	= (1) + (2)
(4)	EK_F	Fertigungseinzelkosten (Einzellohnkosten, Fertigungslohn)	
(5)	+ GK_F	Fertigungsgemeinkosten (Endk. der Fert.-KS)	$= Z_F \cdot (4)$
(6)	+ SEK_F	Sondereinzelkosten der Fertigung (vgl. S. 11)	
(7)	= $\mathbf{K_F}$	**Fertigungskosten**	= (4) + (5) + (6)
(8)	$\mathbf{K_{H,F}}$	**Herstellkosten der Fertigung**	= (3) + (7)
(9)	± $BV_{unfert.}$	Bestandsveränderungen an unfertigen Gütern	
(10)	± $BV_{fert.}$	Bestandsveränderungen an fertigen Gütern	
(11)	= $\mathbf{K_{H,U}}$	**Herstellkosten des Umsatzes**	= (8) ± (9) ± (10)
(12)	+ GK_{Vw}	Verwaltungsgemeinkosten (Endk. der Vw.-KS)	$= Z_{Vw} \cdot (11)$
(13)	+ GK_{Vt}	Vertriebsgemeinkosten (Endkosten der Vt.-KS)	$= Z_{Vt} \cdot (11)$
(14)	+ SEK_{Vt}	Sondereinzelkosten des Vertriebs (vgl. S. 11)	
(15)	= **K**	**Kosten** (Selbstkosten, ggf. Stückkosten)	= (11)+(12)+(13)+(14)
(16)	+ Gewinnaufschlag		= z.B. Z · (15)
(17)	= **Barverkaufspreis**		
(18)	+ Skonto		= Z · (19)
(19)	= **Nettoverkaufspreis**		
(20)	+ Rabatt		= Z · (21)
(21)	= **Listenpreis**		

Bei den **Bestandsveränderungen** gilt, daß eine Bestandsmehrung *subtrahiert* und eine Bestandsminderung *addiert* wird.

Dieses Schema kann - abhängig von den jeweiligen Anforderungen - vereinfacht werden. Insbesondere können die Zeilen (3) und (7) entfallen, wenn die Material- bzw.

Fertigungskosten nicht gesondert benötigt werden, die Zeilen (6) und (14), wenn Sondereinzelkosten nicht entstanden sind, die Zeilen (9) bis (11), wenn es keine Bestandsveränderungen gibt (in Zeile (8) gilt dann: $K_{H,F} = K_{H,U} = K_H$) und die Zeilen (16) bis (21), wenn die Kalkulation bereits bei den Selbstkosten beendet werden soll.

Andererseits kann das Schema auch erweitert werden. Wenn pro Kostenbereich mehrere Kostenstellen existieren (beispielsweise mehrere Fertigungskostenstellen), wird für jede Kostenstelle ein separater Zuschlagssatz ermittelt.

Eine weitere Verbesserung der Zuschlagskalkulation hängt davon ab, ob bessere Zuschlagsgrundlagen gefunden werden. Fragwürdig ist die Schlüsselung der Verwaltungs- und Vertriebsgemeinkosten auf der Grundlage der Herstellkosten. Bei den Fertigungsgemeinkosten sind **Fertigungszeiten** geeignetere Grundlagen als Fertigungslöhne, weil sie nicht von Tariferhöhungen beeinflußt werden. Bei automatisierter Fertigung sind evtl. **Maschinenstundensätze** als Zuschlagsgrundlage sinnvoll (vgl. Abschnitt 2.3.2.3). In beiden Fällen werden *Mengenschlüssel* zusätzlich zu den *Wertschlüsseln* verwendet.

Beispiel: Das Unternehmen aus dem Beispiel auf S. 35 möchte nun differenzierter vorgehen und deswegen das Produkt nochmals nach der differenzierenden Zuschlagskalkulation vorkalkulieren. In der vergangenen Periode betrugen das Fertigungsmaterial TDM 200 und die Fertigungslöhne TDM 50; laut BAB betrugen die Endkosten der Materialkostenstelle TDM 40, der Fertigungskostenstelle TDM 45, der Verwaltungskostenstelle TDM 134 und der Vertriebskostenstelle TDM 67. Die Einzelkosten setzen sich aus DM 1.200,- Fertigungsmaterial und DM 500,- Fertigungslohn zusammen. Wie hoch sind die Stückkosten des zu fertigenden Produktes?

Lösung:

$Z_M = \frac{40}{200} = 0{,}2 = \mathbf{20\ \%}$ $\qquad Z_F = \frac{45}{50} = 0{,}9 = \mathbf{90\ \%}$

Um die Zuschlagssätze der Verwaltung und des Vertriebs ermitteln zu können, müssen zuerst die Herstellkosten berechnet werden (die Zeilennummern entsprechen denen des Kalkulationsschemas):

(1)	EK_M	TDM	200
(2)	+ GK_M	TDM	40
(4)	EK_F	TDM	50
(5)	+ GK_F	TDM	45
(8)	$\mathbf{K_H}$	**TDM**	**335**

Damit ist $Z_{Vw} = \frac{134}{335} = 0{,}4 = \mathbf{40\ \%}$, $Z_{Vt} = \frac{67}{335} = 0{,}2 = \mathbf{20\ \%}$ und:

(1)	EK_M		DM	1.200,-
(2)	+ GK_M	1.200 · 20 % =	DM	240,-
(4)	EK_F		DM	500,-
(5)	+ GK_F	500 · 90 % =	DM	450,-
(8)	$\mathbf{k_H}$		**DM**	**2.390,-**
(12)	+ GK_{Vw}	2.390 · 40 % =	DM	956,-
(13)	+ GK_{Vt}	2.390 · 20 % =	DM	478,-
(15)	= **k**		**DM**	**3.824,-**

2.3.2.3 Zuschlagskalkulation mit Maschinenstundensätzen

Die **Zuschlagskalkulation mit Maschinenstundensätzen** ist eine zusätzliche Differenzierung der Zuschlagskalkulation im Fertigungsbereich. Diese Variante ist insbesondere bei weitgehend automatisierter Fertigung sinnvoll.

Beispielsweise ist es möglich, daß ein Produkt trotz gleicher Fertigungseinzelkosten (Fertigungslöhne) eine *andere Bearbeitungszeit an den Maschinen* benötigt als andere in derselben Kostenstelle gefertigte Produkte. Wenn in der Kostenstelle *Maschinen mit unterschiedlichen Kosten* zusammengefaßt werden, ist außerdem denkbar, daß manche Produkte nur an den billigen und andere nur an den teuren Maschinen gefertigt werden. Die daraus resultierenden Verzerrungen können mit Maschinenstundensätzen als Zuschlagsgrundlage vermieden werden.

Der **Maschinenstundensatz** ist der *Betrag der maschinenabhängigen Gemeinkosten pro Maschinenstunde*. Er ergibt sich als Quotient aus den maschinenabhängigen Fertigungsgemeinkosten und der Maschinenlaufzeit:

$$\text{Maschinenstundensatz} = \frac{GK_{F,\,Masch.}}{t_{Masch.}}$$

Damit wird differenziert zwischen

1. **maschinenabhängigen Fertigungsgemeinkosten**. Beispiele: Raumkosten, Werkzeugkosten, Energiekosten, Instandhaltungskosten, kalkulatorische Zinsen, kalkulatorische Abschreibungen; sowie
2. **sonstigen Fertigungsgemeinkosten**. Beispiele: Hilfslöhne, Gehälter oder Hilfsstoffe.

Das Kalkulationsschema entspricht dem der differenzierenden Zuschlagskalkulation, jedoch werden die Fertigungsgemeinkosten (Zeile (5)) berechnet, indem der Maschinenstundensatz mit der Bearbeitungszeit an der Maschine multipliziert wird und die sonstigen Fertigungsgemeinkosten addiert werden.

Beispiel: Ein Unternehmen möchte einen Maschinenstundensatz auf der Grundlage der letzten 12 Monate berechnen. Folgende Informationen bzw. Schätzungen über die Maschine liegen vor: Anschaffungspreis TDM 100, Wiederbeschaffungswert TDM 120, Nutzungsdauer 10 Jahre, lineare Abschreibung, kalkulatorischer Zins 6 %, Instandhaltungskosten TDM 2 p.a., Raumbedarf 20 m^2, Verrechnungssatz je m^2 5,- DM/Monat, mittlere Leistung des Aggregates 11 kW, Strompreis 0,20 DM/kWh + Jahresgrundgebühr DM 445,-, Laufzeit 1.650 Stunden p.a.; der Zins soll vereinfacht ermittelt werden mit Zins = $\frac{1}{2}$ · Anschaffungspreis · Zinsfuß.

Lösung:

Raumkosten = 5 DM/m^2/Mt. · 12 Mte. · 20 m^2	= DM	1.200,-
Werkzeugkosten	= DM	-,-
Energiekosten = 0,20 DM/kWh · 11 kW · 1.650 h + 445 DM	= DM	4.075,-
Instandhaltungskosten	= DM	2.000,-
kalkulatorischer Zins = 0,5 · TDM 100 · 6 %	= DM	3.000,-
kalkulatorische Abschreibung = TDM 120/10	= DM	12.000,-
	DM	**22.275,-**

$$\text{Maschinenstundensatz} = \frac{\text{DM } 22.275,-}{1.650 \text{ h}} = \mathbf{13{,}50 \; \frac{DM}{h}}$$

2.3.3 Kuppelkalkulationen

Die **Kuppelkalkulationen** werden bei der *Kuppelproduktion* (verbundenen Produktion) verwendet (vgl. S. 29). Alle bisher geschilderten Kalkulationsverfahren gelten für den Normalfall der unverbundenen Produktion.

Die Schwierigkeit der Kalkulation der Kuppelprodukte besteht in der Zurechnung der Kosten: Weil bei der Kuppelproduktion - aufgrund einer *natürlichen* oder *technischen Koppelung* - zwangsläufig mehrere unterschiedliche Produktarten gemeinsam in einem Produktionsprozeß entstehen, fallen auch die Kosten der Kuppelproduktion gemeinsam für diese Produktarten an. Eine Zurechnung der Kosten zu den einzelnen Kostenträgern, d.h. zu den einzelnen Kuppelprodukten, nach dem Verursachungs- oder Einwirkungsprinzip (vgl. S. 8 f.) ist deswegen grundsätzlich ausgeschlossen: Es ist nicht möglich zu ermitteln, welche Kuppelprodukte welchen Anteil an den Kosten haben.

Die Kuppelkalkulation ist aber notwendig, weil zur Lösung der Publikationsaufgaben Herstellkosten für die Kuppelprodukte benötigt werden. Beispiel: Bestandsbewertung im handelsrechtlichen Jahresabschluß (vgl. ***Bilanzen***, Abschnitt 2.4.1.1).

Um die Kosten der Kuppelproduktion trotzdem den einzelnen Kuppelprodukten zurechnen zu können, wird das Tragfähigkeitsprinzip (ggf. Durchschnittsprinzip) angewendet. Weil beide nur eine sehr schwache Rechtfertigung für die Zurechnung sind, sind die Ergebnisse der Kuppelkalkulation willkürlich und kaum aussagefähig.

Zur Kalkulation kann die Restwertrechnung oder die Marktwertrechnung benutzt werden.

2.3.3.1 Restwertrechnung

Die **Restwertrechnung** (Subtraktionsmethode, Restwertmethode) wird angewendet, wenn sich die an der Kuppelproduktion beteiligten Produktarten in eine Hauptproduktart und eine oder mehrere Nebenproduktarten einteilen lassen.

Von den Kosten der Kuppelproduktion werden die Erlöse der Nebenproduktarten (abzüglich Aufbereitungskosten, d.h. Kosten der Weiterverarbeitung der Nebenproduktarten) abgezogen, um die Kosten der Hauptproduktart (**Restkosten**) zu erhalten:

Kosten der Kuppelproduktion (d.h. bis zur Gabelung)
- (Erlöse - Aufbereitungskosten der Nebenproduktarten)
= **Restkosten**

Die Herstellkosten je Mengeneinheit der Hauptproduktart betragen dann:

$$k_H = \frac{\text{Restkosten}}{x}$$

Die **Stückkosten** der Hauptproduktart werden ermittelt, indem Verwaltungs- und Vertriebskosten entsprechend einer Zuschlagskalkulation zugeschlagen werden. Die Restwertrechnung beruht auf dem Durchschnitts- und dem Tragfähigkeitsprinzip.

Beispiel: Die Herstellung von vier Produktarten in einem Produktionsprozeß verursacht gemeinsam DM 657.500,- Herstellkosten und weitere Aufbereitungskosten. Der Zuschlagssatz für die Verwaltungs- und Vertriebskosten beträgt 40 %.

	Produktion	Aufbereitungskosten	Absatzpreis
Hauptproduktart	10.000 Stück	-,-	(unbekannt)
Nebenproduktart 1	3.000 Stück	0,30 DM/Stück	8,- DM/Stück
Nebenproduktart 2	2.000 Stück	0,50 DM/Stück	12,- DM/Stück
Nebenproduktart 3	1.000 Stück	0,10 DM/Stück	4,- DM/Stück

Wie hoch sind die Stückkosten der Hauptproduktart nach der Restwertrechnung?

Lösung:

(1)	(2)	(3)	(4)	(5)	(6)
Größe:	x	Aufber.k.	p	Übersch./St.	Erl.-Aufb.k.
Einheit:	Stück	DM/Stück	DM/Stück	DM/Stück	DM
Erklärung:	gegeben	gegeben	gegeben	(4)-(3)	(5) · (2)
HP	10.000	-,-			
NP 1	3.000	0,30	8,-	7,70	23.100,-
NP 2	2.000	0,50	12,-	11,50	23.000,-
NP 3	1.000	0,10	4,-	3,90	3.900,-
					50.000,-

Kosten der Kuppelproduktion bis zur Gabelung	DM	657.500,-
- (Erlöse - Aufbereitungskosten der Nebenproduktarten)	DM	50.000,-
= **Restkosten**	**DM**	**607.500,-**

$$k_H = \frac{\text{DM } 607.500}{10.000 \text{ Stück}} = 60{,}75 \ \frac{\text{DM}}{\text{St.}}; \qquad K = K_H \cdot 1{,}4 = \mathbf{85{,}05} \ \frac{\textbf{DM}}{\textbf{St.}}$$

2.3.3.2 Marktwertrechnung

Die **Marktwertrechnung** (Verteilungsmethode, Verteilungsrechnung) kann auch angewendet werden, wenn eine Trennung in Haupt- und Nebenproduktarten nicht möglich ist.

Sie entspricht formal der Divisionskalkulation mit Äquivalenzziffern (vgl. S. 32 f.); jedoch werden nicht Stückkosten, sondern Absatzpreise als Basis der Äquivalenzziffern verwendet, d.h. den Kuppelproduktarten werden *die Herstellkosten proportional zu ihren Erlösen zugerechnet*. Die Marktwertrechnung beruht also auf dem Tragfähigkeitsprinzip.

Beispiel: Es sollen nun die Stückkosten aller vier Produktarten nach der Marktwertrechnung ermittelt werden. Die Äquivalenzziffern werden dabei aus den Absatzpreisen gewonnen. Die Hauptproduktart wird für 100,- DM/Stück verkauft.

Lösung:

(1)	(2)	(3)	(4)	(5)	(6)	(7)	(8)
Größe:	x	Aufber.k.	p	ÄZ	EM	k_H	k
Einheit:	Stück	DM/St.	DM/St.		Stück	DM/St.	DM/St.
Erkl.:	gegeb.	gegeben	gegeben		(5) · (2)	(5) · 2,50 + (3)	(7) · 1,4
HP	10.000	-,-	100,-	25	250.000	62,50	**87,50**
NP 1	3.000	0,30	8,-	2	6.000	5,30	**7,42**
NP 2	2.000	0,50	12,-	3	6.000	8,-	**11,20**
NP 3	1.000	0,10	4,-	1	1.000	2,60	**3,64**
					263.000		

Erklärung: vgl. S. 32 f.; Spalte (7): 657.500 DM/263.000 St. = 2,50 DM/St.

2.4 Kostenträgerzeitrechnung

Die **Kostenträgerzeitrechnung** (kurzfristige Erfolgsrechnung) dient der laufenden Überwachung der Wirtschaftlichkeit des Unternehmens. Sie stellt Leistungen und Kosten einer Abrechnungsperiode, i.d.R. also eines Monats, gegenüber. Die Kostenträgerzeitrechnung ist deswegen sehr viel aktueller als die Gewinn- und Verlustrechnung. Außerdem beruht sie nicht auf Aufwendungen und Erträgen (vgl. S. 5 und S. 6), ist also von Einflüssen neutraler Aufwendungen und Erträge, handels- und steuerrechtlicher Bewertungsansätze sowie bilanzpolitischer Manipulationen befreit. Aus diesen zwei Gründen ist die Kostenträgerzeitrechnung *aussagefähiger als die Gewinn- und Verlustrechnung.*

Die **Kosten** der Abrechnungsperiode werden der Istkostenrechnung entnommen. Die **Erlöse** (= Absatzleistungen, vgl. S. 7) ergeben sich (je Produktart) als Istabsatzpreis ohne Umsatzsteuer mal Istabsatzmenge ($p \cdot x_A$). Allerdings treten meistens mehrere Erlösarten je Produktart auf. Beispiel: Grundpreis und Erlösminderungen (Erlösschmälerungen).

Die wichtigsten **Erlösarten** sind *Grundpreise* (Listenpreise), *Effektivpreise* (Grundpreis inkl. Aufpreis für "Extras", Beispiel: Autos), *Mengenrabatte*, *Funktionsrabatte* (Beispiel: Rabatte für Wiederverkäufer, z.B. den Handel), *Skonti* und *fixe Erlöse* (Beispiel: Telefon-Grundgebühr). In einer Vollkostenrechnung werden alle Erlösarten mit einer gesonderten **Erlösrechnung** den abgesetzten Produkten nach dem Verursachungsprinzip (sog. **Einzelerlöse**) oder hilfsweise nach dem Durchschnittsprinzip (sog. **Gemeinerlöse**) zugerechnet, so daß sich letztlich ein *Stückerlös* (p) für jede Produktart ergibt.

Produzierte und abgesetzte Menge sind nur selten genau gleichgroß. Meist treten **Bestandsveränderungen** auf, d.h. entweder wird mehr verkauft als produziert (Bestandsminderung, Lagerabbau) oder mehr produziert als verkauft (= Lagerleistung, vgl. S. 7; Bestandsmehrung, Lageraufbau). Im Fall von Bestandsveränderungen müssen die Kosten und Erlöse der Periode einander zugeordnet werden, weil sie sich nicht auf dasselbe Mengengerüst beziehen: Die Erlöse beziehen sich auf die verkaufte Menge, die Kosten jedoch (ganz oder teilweise) auf die *davon unterschiedliche* hergestellte Menge.

Die Zuordnung ist grundsätzlich mit zwei Verfahren möglich: Entweder werden die Erlöse an das Mengengerüst der Kosten angepaßt (Gesamtkostenverfahren) oder die Kosten werden an das Mengengerüst der Erlöse angeglichen (Umsatzkostenverfahren).

2.4.1 Gesamtkostenverfahren

Dem **Gesamtkostenverfahren** (Produktionsrechnung) liegt die Erfassung der gesamten, nach Kostenarten gegliederten Kosten des Unternehmens zugrunde. Den Erlösen werden alle primären Kosten der Abrechnungsperiode gegenübergestellt.

Bestandsveränderungen an unfertigen oder fertigen Gütern werden berücksichtigt, indem Zunahmen (= Lagerleistungen) *addiert* und Abnahmen *subtrahiert* werden (also umgekehrt wie bei der differenzierenden Zuschlagskalkulation, vgl. S. 36). Dabei werden die Bestandsveränderungen mit den *Herstellkosten* bewertet; d.h. Material- und Fertigungskosten werden einbezogen, Verwaltungs- und Vertriebskosten dagegen nicht.

Erlöse
± Bestandsveränderungen (zu Herstellkosten)
- Kosten (gesamte primäre Kosten)
= **Betriebsergebnis**

Mathematisch läßt sich das Gesamtkostenverfahren wie folgt darstellen (Annahmen: Nur eine Produktart; keine Bestandsveränderungen an unfertigen Erzeugnissen; k_H sind die Herstellkosten der Produktart pro hergestelltem Stück und die K_i die Kostenarten):

$$BE = x_A \cdot p + (x_P - x_A) \cdot k_H - \sum_i K_i \qquad \text{mit } K = \sum_i K_i$$

2.4.2 Umsatzkostenverfahren

Beim **Umsatzkostenverfahren** (Umsatzrechnung) werden den gesamten Erlösen der Abrechnungsperiode die Kosten der *abgesetzten* (= "umgesetzten") Produkte gegenübergestellt. Die Kosten der abgesetzten Produkte setzen sich aus den Herstellkosten der abgesetzten Produkte und den gesamten Verwaltungs- und Vertriebskosten zusammen.

Erlöse
- Herstellkosten *der abgesetzten Produkte* } Kosten der abge-
- Verwaltungs- und Vertriebskosten } setzten Produkte
= **Betriebsergebnis**

Mathematisch dargestellt ergibt sich:

$$BE = x_A \cdot p - x_A \cdot k_H - (K_{Vw} + K_{Vt}) = x_A \cdot p - x_A \cdot k$$

Werden Verwaltungs- oder Vertriebskosten *pro Mengeneinheit* (pro Stück) angegeben, dann beziehen sie sich nicht, wie die Herstellkosten pro Stück, auf die produzierte, sondern auf die abgesetzte Menge ($K_H = \mathbf{x_P} \cdot k_H$, $K_{Vw} = \mathbf{x_A} \cdot k_{Vw}$ und $K_{Vt} = \mathbf{x_A} \cdot k_{Vt}$).

Das *Umsatzkostenverfahren ist aussagefähiger als das Gesamtkostenverfahren*, weil bei seiner Anwendung nicht nur die Erlöse, sondern auch die Kosten der abgesetzten Produkte erkennbar werden und somit die Erfolgsbeiträge der verschiedenen Produktarten offengelegt werden. Beim Gesamtkostenverfahren können die Kosten dagegen nicht den Produktarten zugeordnet werden.

Beide Verfahren führen - unter gleichen Annahmen - zum gleichen Betriebsergebnis. (Für den interessierten Leser in Kürze: Wegen $K = K_H + K_{Vw} + K_{Vt}$ und $K_H = x_P \cdot k_H$ gilt $-(K_{Vw} + K_{Vt}) = x_P \cdot k_H - K$ und damit: Betriebsergebnis nach dem Gesamtkostenverfahren $= x_A \cdot p + (x_P - x_A) \cdot k_H - K = x_A \cdot p - x_A \cdot k_H + x_P \cdot k_H - K = x_A \cdot p - x_A \cdot k_H - (K_{Vw} + K_{Vt})$ = Betriebsergebnis nach dem Umsatzkostenverfahren.)

Wird mit einer **Normalkostenrechnung** gearbeitet, müssen die Unter- und Überdeckungen (vgl. S. 22 f. und S. 34 f.) in der Kostenträgerzeitrechnung berücksichtigt werden.

Beispiel: Ein Unternehmen produziert in einer Abrechnungsperiode 1.000 Mengeneinheiten einer Produktart (Preis: 50 DM/ME), von denen 600 ME abgesetzt werden. Die variablen Herstellkosten betragen DM 7,50 pro ME, die fixen Herstellkosten DM 6.000,-, die variablen Vertriebskosten DM 5,- pro ME und die fixen Vertriebskosten DM 10.000,-. Wie hoch ist das Betriebsergebnis nach dem Gesamt- und dem Umsatzkostenverfahren?

Lösung: Beim Gesamtkostenverfahren gilt:

$$\begin{aligned} BE &= x_A \cdot p + (x_P - x_A) \cdot k_H - \sum K_i \\ &= 600\ ME \cdot 50\ DM/ME \\ &+ (1.000\ ME - 600\ ME) \cdot (7{,}50\ DM/ME + 6.000\ DM/1.000\ ME) \\ &- (7{,}50\ DM/ME \cdot 1.000\ ME + 6.000\ DM + 5\ DM/ME \cdot 600\ ME + 10.000\ DM) \\ &= 30.000\ DM + 5.400\ DM - 26.500\ DM \\ &= \mathbf{8.900\ DM} \end{aligned}$$

Die Gegenüberstellung der gesamten Erlöse (Absatzleistungen) und der gesamten Kosten (30.000 DM - 26.500 DM = 3.500 DM) führt nicht zum richtigen Ergebnis, weil sich beide auf unterschiedliche Mengengerüste beziehen. Am Ende der Periode sind zusätzlich 400 ME vorhanden (Lageraufbau), die einer Lagerleistung von 400 ME • 13,50 DM/ME = 5.400 DM entsprechen und die nicht vernachlässigt werden dürfen. Beim Umsatzkostenverfahren gilt:

$$\begin{aligned} BE &= x_A \cdot p - x_A \cdot k_H - (K_{Vw} + K_{Vt}) = x_A \cdot p - x_A \cdot k \\ &= 600\ ME \cdot 50\ DM/ME \\ &- 600\ ME \cdot (7{,}50\ DM/ME + 6.000\ DM/1.000\ ME) \\ &- (5\ DM/ME \cdot 600\ ME + 10.000\ DM) \\ &= 30.000\ DM - 8.100\ DM - 13.000\ DM \\ &= \mathbf{8.900\ DM} \end{aligned}$$

Bei beiden Verfahren werden **Bestandsveränderungen** mit den Herstellkosten bewertet, die auch fixe Kosten enthalten. Beispiel: Zeitabschreibungen einer Maschine, die in der Fertigung eingesetzt wird, sind fixe Fertigungsgemeinkosten und zählen deswegen zu den Herstellkosten.

Diese Bewertung ist fragwürdig, weil fixe Kosten bei Veränderungen der Ausbringungsmenge konstant bleiben (vgl. S. 11) und daher kaum auf Lager genommenen Produkten zugerechnet werden können. Deswegen kann das Betriebsergebnis nicht nur, wie oben geschehen, auf der Basis von *Vollkosten* (unter Anwendung des Gesamt- oder Umsatzkostenverfahrens), sondern auch auf der Basis von *Teilkosten* (unter Anwendung des Umsatzkostenverfahrens) ermittelt werden (vgl. Beispiel auf S. 50).

3 Plankostenrechnung

Im zweiten Kapitel wurde die "traditionelle" Kosten- und Leistungsrechnung, d.h. die Istkostenrechnung als Vollkostenrechnung, geschildert. (In Exkursen wurde auch die Normalkostenrechnung als Vollkostenrechnung berücksichtigt.) Offen geblieben ist ihre Eignung für die Lösung der drei Aufgaben des Rechnungswesens (vgl. S. 5):

1. Zur Lösung der (**kurzfristigen**) **Planungsaufgaben** werden Entscheidungsgrundlagen für kurzfristige betriebliche Entscheidungen benötigt, d.h. Informationen über die Konsequenzen (Kosten und Leistungen), die bei Verwirklichung der einzelnen Entscheidungsalternativen zusätzlich entstehen würden (**entscheidungsrelevante Konsequenzen**). Hierfür sind Istkostenrechnungen und Normalkostenrechnungen grundsätzlich ungeeignet, weil sie anstelle zukünftiger Konsequenzen die Vergangenheit abbilden. Vollkostenrechnungen sind ebenfalls grundsätzlich ungeeignet, weil sie nicht die entscheidungsrelevanten Konsequenzen abbilden; d.h. beispielsweise:

   - *Die Beschäftigung wird nicht berücksichtigt.* Je weniger Aufträge vorliegen, desto teurer werden sie - wegen der dann höheren Fixkosten pro Mengeneinheit (k_f) - kalkuliert, wenn das Unternehmen den Absatzpreis aus den Vollkosten ableitet (vgl. z.B. Schema auf S. 36). Damit besteht Gefahr, daß es sich "aus dem Markt herauskalkuliert": Zu den höheren Absatzpreisen erhält es weniger Aufträge, erhöht die Preise weiter, erhält noch weniger Aufträge usw.
   - *Bei der Berechnung der Zuschlagssätze wird stets eine Abhängigkeit zwischen Gemeinkosten und Zuschlagsgrundlage unterstellt* (vgl. S. 34). Das trifft aber nicht immer zu. Beispiel: Zurechnung auch der fixen Verwaltungs- und Vertriebsgemeinkosten auf der Grundlage der Herstellkosten (vgl. S. 36).
   - *Eine falsche Preispolitik kann entstehen.* Dies ist der Fall, wenn auf die Produktion aller Produktarten, welche die Vollkosten nicht decken, verzichtet wird:

     Beispiel: Eine Unternehmen stellt eine Produktart zu Stückkosten in Höhe von 80,- DM/St. her. Der Fixkostenanteil beträgt 25 %, der Preis 100,- DM/St., die Produktion 40.000 Stück und die Kapazität 50.000 Stück. Ein Großabnehmer ist bereit, zusätzlich 10.000 Stück abzunehmen - aber nur zum Preis von 70,- DM/St. Soll das Unternehmen den Auftrag annehmen?

     Lösung: Die Kapazität des Unternehmens würde die Annahme des Zusatzauftrages erlauben. Nach der Vollkostenrechnung darf es den Auftrag aber nicht annehmen, weil seine Stückkosten nicht gedeckt sind (70,- DM < 80,- DM). Trotzdem erhöht dieser Zusatzauftrag das Betriebsergebnis des Unternehmens:

     - Ohne Zusatzauftrag: BE = E - K = TDM 4.000 - TDM 3.200 = **TDM 800**.
     - Mit Annahme des Zusatzauftrages: $BE = E - K = E - k_v \cdot x - K_f$ = (TDM 4.000 + TDM 700) - 60 DM/St. · 50.000 St. - TDM 800 = **TDM 900**.

     Die Anwendung der Vollkostenrechnung führt hier zu einem falschen Ergebnis: Ohne Zusatzauftrag betragen die Kosten 80,- DM/St. · 40.000 St. = TDM 3.200. Davon sind 25 % (TDM 800) fix und folglich 75 % (TDM 2.400) variabel; bei den Stückkosten sind also DM 20,- fix und DM 60,- variabel.

     Die fixen Kosten sind nicht entscheidungsrelevant, weil sie sich bei Zunahme der Beschäftigung definitionsgemäß nicht erhöhen: Sie betragen stets TDM 800.

Bei Annahme des Auftrags entstehen nur 60,- DM/St. variable Kosten zusätzlich. Durch die Annahme des Zusatzauftrages sinken die Stückkosten auf **76 DM/St.**, weil die Fixkosten je Stück auf 16 DM/St. sinken. Der Anteil der Fixkosten beträgt nur noch TDM 800/TDM 3.800 ≈ **21 %**.

Weder Ist- und Normalkostenrechnungen noch Vollkostenrechnungen eignen sich zur Lösung kurzfristiger Planungsaufgaben. Hierfür sind nur *Plankostenrechnungen als Teilkostenrechnungen* besonders geeignet.

2. **Kontrollaufgaben** werden mit Vergleichen zwischen Ist- und Sollgrößen erfüllt. *Istkostenrechnungen* stellen die Istgrößen bereit, können aber keine sinnvollen Sollgrößen liefern. Werden die Sollgrößen mit einer Normalkostenrechnung gewonnen, wird eine einfache Kontrolle möglich: Überdeckungen zeigen dann Wirtschaftlichkeit und Unterdeckungen Unwirtschaftlichkeit an. Die Aussagefähigkeit einer solchen Kontrolle ist allerdings zweifelhaft, weil die Sollgrößen auch nur (durchschnittliche) Istkosten sind und damit möglicherweise "Schlendrian mit Schlendrian" (SCHMALENBACH), genauer Unwirtschaftlichkeit mit durchschnittlicher Unwirtschaftlichkeit verglichen wird. Dies führt zur Notwendigkeit einer Plankostenrechnung. *Plankostenrechnungen* sind zur Lösung von Kontrollaufgaben besonders geeignet.

3. **Publikationsaufgaben** werden mit Publikationsrechnungen gelöst; soweit sie Informationen aus der Kosten- und Leistungsrechnung benötigen, eignen sich besonders *Istkostenrechnungen als Vollkostenrechnungen* (ggf. auch Normalkostenrechnungen als Vollkostenrechnungen). Dies ergibt sich aus den für Publikationsrechnungen gültigen gesetzlichen Bestimmungen, d.h. aus Handels- und Steuerrecht.

Istkostenrechnungen als Vollkostenrechnungen (und Normalkostenrechnungen als Vollkostenrechnungen) sind also nur zur Lösung von Publikationsaufgaben besonders geeignet. Bei der Lösung der Kontrollaufgaben können sie nur eine Teilfunktion erfüllen und zur Lösung von Planungsaufgaben eignen sie sich gar nicht.

Dies ist der Ausgangspunkt für die Entwicklung von Plankostenrechnungen. Zwei Plankostenrechnungen als Teilkostenrechnungen stehen sich gegenüber: Die *Grenzplankostenrechnung* (Direct Costing) und die *relative Einzelkostenrechnung*.

Im weiteren wird die Entwicklung der Plankostenrechnungssysteme bis zur Grenzplankostenrechnung und ihrer Ergänzung, der Fixkostendeckungsrechnung, dargestellt. Den Abschluß bildet die relative Einzelkostenrechnung, das wohl konsequenteste Kostenrechnungssystem, dessen praktische Anwendbarkeit allerdings sehr umstritten ist.

3.1 Starre Plankostenrechnung

Die starre Plankostenrechnung ist die einfachste Form der Plankostenrechnung.

Bei allen Plankostenrechnungen ergeben sich die gesamten **Plankosten** einer *Planperiode* (i.d.R. ein Jahr) aus der Höhe der (geplanten) Mengen- und Wertkomponenten der einzelnen Kostenarten. Allgemein läßt sich formulieren: *Alle Größen, welche die Höhe der (Plan-)Kosten beeinflussen*, werden **Kosteneinflußgrößen** (Kosteneinflußfaktoren, Kostenbestimmungsfaktoren, Kostendeterminanten; kurz: Einflußgrößen) genannt. Beispiele: Beschaffungspreise (Wertkomponente); Beschäftigung (als Teil der Mengenkomponente).

Bei der Ermittlung der Plankosten eines Unternehmens darf keine Kosteneinflußgröße vernachlässigt werden, d.h. alle in einem Unternehmen existierenden Kosteneinflußgrößen müssen geplant werden, um die Plankosten einer Planperiode zu bestimmen.

Beispiel: Ein Einprodukt-Unternehmen möchte zur Lösung von Planungs- und Kontrollaufgaben erstmals eine Plankostenrechnung durchführen. Um die Plankosten des nächsten Jahres ermitteln zu können, muß es vorher alle Kosteneinflußgrößen planen, z.B. die Beschaffungspreise oder die Ausbringungsmenge (Beschäftigung) dieses Jahres. Das Unternehmen erwartet, im nächsten Jahr 10.000 Stück produzieren und absetzen zu können. Bei dieser Beschäftigung und unter Berücksichtigung aller anderen Größen, welche die Kosten ebenfalls beeinflussen, ergeben sich Plankosten in Höhe von TDM 500 für den folgende Jahr.

Bei der **starren Plankostenrechnung** werden nun *alle Kosteneinflußgrößen fest vorausgeplant* (starre Kosteneinflußgrößen), d.h. mögliche Schwankungen der Kosteneinflußgrößen werden vernachlässigt. Insbesondere gibt es nur einen Beschäftigungsgrad, nämlich die geplante Beschäftigung (x^{Plan}). Die Plankosten werden für diese Beschäftigung festgelegt, aber nicht am Ende der Planperiode an die meist davon unterschiedliche Istbeschäftigung (x^{Ist}) angepaßt. Eine Trennung nach variablen und fixen Kosten erfolgt nicht (Plankostenrechnung als Vollkostenrechnung). Die Aussagefähigkeit der starren Plankostenrechnung ist sehr gering; sie ist in der Praxis bedeutungslos geworden.

Beispiel: Am Ende des nächsten Jahres stellt das Unternehmen aus dem letzten Beispiel Istkosten in Höhe von TDM 470 fest. Damit ist die Differenz $\Delta K = K^{Plan} - K^{Ist} = +$ TDM 30. Hat das Unternehmen besonders wirtschaftlich gearbeitet?

Lösung: Obwohl die tatsächlichen Kosten um TDM 30 niedriger waren als die geplanten, ist ein Rückschluß auf eine wirtschaftliche oder unwirtschaftliche Arbeitsweise des Unternehmens nicht möglich, weil die Höhe der Plankosten auf den geplanten Kosteneinflußgrößen beruht. Daß alle Einflußgrößen richtig geplant wurden, ist aber sehr unwahrscheinlich. Wenn beispielsweise die tatsächliche Beschäftigung (Istbeschäftigung) weniger als die geplanten 10.000 Stück betrug, beruhen die niedrigen Istkosten möglicherweise nur auf der geringeren Ausbringungsmenge.

3.2 Flexible Plankostenrechnung als Vollkostenrechnung

Aufgrund der Mängel der starren Plankostenrechnung werden jetzt nur noch flexible Plankostenrechnungen betrachtet.

Bei der **flexiblen Plankostenrechnung als Vollkostenrechnung** werden die *Plankosten an* *eine von der Planbeschäftigung abweichende Istbeschäftigung angepaßt*. Allerdings ist die Beschäftigung die einzige variable (= flexible) Kosteneinflußgröße; *alle anderen Kosteneinflußgrößen werden ebenfalls fest vorausgeplant*. Beispiel: Fest vorgegebene Beschaffungspreise.

Die Anpassung der Plankosten an die Istbeschäftigung erfordert eine Trennung der Kosten in solche, die sich bei Variation der Beschäftigung ändern (= variable Kosten; vgl. S. 10 f.) und solche, die bei Beschäftigungsänderungen konstant bleiben (= fixe Kosten). Damit sind erstmals die Kosten in Abhängigkeit von einer Kosteneinflußgröße (nämlich der Beschäftigung) bekannt; trotzdem werden den Kostenträgern wiederum auch fixe Kosten zugerechnet (Plankostenrechnung als Vollkostenrechnung). Bei den variablen Kosten wird ein linearer Kostenverlauf angenommen, d.h. alle variablen Kosten sind proportionale Kosten. Deswegen gilt für die **Plankosten**:

$$K^{Plan} = K_v^{Plan} + K_f^{Plan} = \frac{K_v^{Plan}}{x^{Plan}} \cdot \mathbf{x^{Plan}} + K_f^{Plan} = k_v^{Plan} \cdot \mathbf{x^{Plan}} + K_f^{Plan}$$

Die Kosten, die entstehen, wenn die Plankosten an eine von der Planbeschäftigung abweichende Istbeschäftigung angepaßt werden, heißen **Sollkosten** (= Plankosten bei Istbeschäftigung). Sie sind die Kosten, die entstehen *"sollen"*, wenn statt der geplanten Beschäftigung eine andere Beschäftigung eingetreten ist. Die Sollkosten ergeben sich, indem bei den Plankosten die Plan- durch die Istbeschäftigung ersetzt wird:

$$K^{Soll} = \frac{K_v^{Plan}}{x^{Plan}} \cdot \mathbf{x^{Ist}} + K_f^{Plan} = k_v^{Plan} \cdot \mathbf{x^{Ist}} + K_f^{Plan}$$

Beispiel: Wir nehmen nun an, daß das Unternehmen aus den beiden letzten Beispielen bei der Planung variable und fixe Kosten getrennt hat und von den gesamten Plankosten TDM 300 proportional und TDM 200 fix sind. Die tatsächliche Beschäftigung betrug 8.000 ME. Welche Kosten "sollten" bei dieser Istbeschäftigung entstehen?

Lösung:

$$K^{Soll} = \frac{K_v^{Plan}}{x^{Plan}} \cdot \mathbf{x^{Ist}} + K_f^{Plan} = k_v^{Plan} \cdot \mathbf{x^{Ist}} + K_f^{Plan}$$

$$= \frac{\text{TDM } 300}{10.000 \text{ Stück}} \cdot 8.000 \text{ Stück} + \text{TDM } 200$$

$$= 30 \text{ DM/Stück} \cdot 8.000 \text{ Stück} + \text{TDM } 200 = \textbf{TDM 440}$$

Erklärung: Möglicherweise hat das Unternehmen doch nicht wirtschaftlich gearbeitet: Die Istkosten (TDM 470) sind höher als die um den Einfluß der Beschäftigungsschwankung bereinigten Plankosten (= Sollkosten, TDM 440).

Die flexible Plankostenrechnung als Vollkostenrechnung ist - verglichen mit der starren Plankostenrechnung - eine erhebliche Verbesserung. Jedoch ist der Ansatz von Vollkosten zu kritisieren (vgl. S. 44 f.). Deswegen kann die flexible Plankostenrechnung auch als Teilkostenrechnung durchgeführt werden (Grenzplankostenrechnung).

3.3 Grenzplankostenrechnung (Direct Costing)

Die **Grenzplankostenrechnung** nach PLAUT und KILGER ist die in Deutschland übliche Form des amerikanischen **Direct Costing** (Proportionalkostenrechnung, Proportionalerfolgsrechnung). Sie ist eine *flexible Plankostenrechnung als Teilkostenrechnung auf der Grundlage proportionaler Kosten.* Wieder ist die Beschäftigung die einzige flexible Kosteneinflußgröße; jedoch werden durch den Ansatz von Teilkosten wesentliche Mängel der flexiblen Plankostenrechnung als Vollkostenrechnung beseitigt.

Auch die Grenzplankostenrechnung beruht auf der Annahme, daß sich alle Kosten einer Periode in variable und fixe Kosten aufteilen lassen und daß alle variablen Kosten proportionale Kosten sind (lineare Kostenverläufe). Die proportionalen Kosten je Mengeneinheit sind gleichzeitig die **Grenzkosten**, d.h. die *zusätzlichen Kosten bei der Produktion einer zusätzlichen Mengeneinheit* (daher die Bezeichnung "Grenz"plankostenrechnung).

Den Kostenträgern (z.B. Produktarten) werden jedoch wegen des Teilkostenansatzes nur die **proportionalen Kosten** zugerechnet, d.h. proportionale Einzelkosten plus proportionale Gemeinkosten (vgl. S. 10 f.); die Zurechnung erfolgt nach dem Verursachungsprinzip (vgl. S. 8). Die **fixen Kosten** werden nicht den Kostenträgern zugerechnet, sondern für das gesamte Unternehmen in einer Summe (Fixkostenblock) abgezogen.

Dies entspricht dem **Prinzip der relevanten Kosten** (allgemein: Prinzip der entscheidungsrelevanten Konsequenzen, vgl. S. 44), nach dem bei der Lösung von Planungsaufgaben *nur die Kosten* (Konsequenzen) *berücksichtigt werden, welche sich in Abhängigkeit von der jeweiligen Entscheidungsalternative verändern.* Kosten, die sich nicht verändern, gleichgültig welche Entscheidungsalternative gewählt wird, werden vernachlässigt.

Zur Ermittlung der **Plankosten** kann im wesentlichen die Kostenarten-, Kostenstellen- und Kostenträgerrechnung gemäß Kapitel 2 angewendet werden:

1. **Kostenartenrechnung**. Zunächst werden bei jeder primären Kostenart proportionale und fixe Bestandteile getrennt. Dann werden die Wertkomponenten der einzelnen Kostenarten fest vorausgeplant (Beschaffungspreise, Planpreise); meist werden hierfür Wiederbeschaffungspreise verwendet (vgl. S. 7). Anschließend werden die Einzelkosten geplant, z.B. durch Ableitung aus Stücklisten oder Arbeitszeitstudien.

2. **Kostenstellenrechnung**. Hier wird zunächst die Planbeschäftigung bestimmt; anschließend werden für jede Kostenstelle die primären Plangemeinkosten, getrennt in proportionale und fixe Bestandteile, ermittelt. Dies geschieht entweder mit *statistischen Verfahren*, d.h. durch Ableitung aus früheren Istkosten (z.B. mit der empirischen Regression) oder mit *analytischen Verfahren*, d.h. durch Kostenuntersuchungen ohne Berücksichtigung früherer Istkosten. Die fixen Plangemeinkosten werden je Stelle ausgewiesen, jedoch nicht weiterverrechnet; mit den proportionalen Gemeinkosten wird die innerbetriebliche Leistungsrechnung durchgeführt.

3. **Kostenträgerstückrechnung**. Die variablen Kosten je Mengeneinheit (variable Stückkosten) ergeben sich als Summe der proportionalen Einzel- und Gemeinkosten je Mengeneinheit mit den aus Abschnitt 2.3 bekannten Kalkulationsverfahren. Jedoch wird die Kalkulation eines Produktes (d.h. die Kalkulation einer Mengeneinheit einer

Produktart) *retrograd* (rückwärts) durchgeführt, d.h. beginnend mit dem Absatzpreis: Vom Absatzpreis ohne Umsatzsteuer werden (nur) die variablen Kosten je Mengeneinheit abgezogen. Dies ergibt den **Deckungsbeitrag je Mengeneinheit (Stückdeckungsbeitrag)**, d.h. den *Beitrag dieser Mengeneinheit zur Deckung der fixen Kosten* (und des Betriebsergebnisses).

4. **Kostenträgerzeitrechnung.** Analog werden von den Erlösen einer Produktart in einer Periode nur die variablen Kosten dieser Produktart abgezogen. Dies ergibt den **Deckungsbeitrag** (Bruttoergebnis), d.h. den *Beitrag dieser Produktart zur Deckung der fixen Kosten* (und des Betriebsergebnisses). Anschließend werden die Deckungsbeiträge aller Produktarten des Unternehmens zum **Gesamtdeckungsbeitrag** addiert. Das Betriebsergebnis ergibt sich dann durch Abzug der gesamten fixen Kosten des Unternehmens in einer Summe (Fixkostenblock) vom Gesamtdeckungsbeitrag.

Kostenträgerstückrechnung	**Kostenträgerzeitrechnung**	
Kalkulation einer ME:	**Produktart I**	**Produktart II**
Absatzpreis (p)	Erlöse ($x_A \cdot p$)	Erlöse ($x_A \cdot p$)
- variable Stückkosten (k_v)	- variable Kosten (K_v)	- variable Kosten (K_v)
= **Stückdeckungsbeitrag (db)**	= **Deckungsbeitrag (DB)**	= **Deckungsbeitrag (DB)**

Gesamtdeckungsbeitrag (GDB)
- fixe Kosten des Unternehmens (K_f)
= **Betriebsergebnis (BE)**

Beispiel: Ein Unternehmen fertigt zwei Produktarten. Für Produktart I (II) werden folgende Kosten für das nächste Jahr geplant: 30,- DM (60,- DM) Fertigungsmaterial und 20,- DM (30,- DM) Fertigungslöhne. Die geplanten Absatzpreise betragen 100,- DM und 200,- DM. Von Produkt I werden voraussichtlich 10.000 Stück und von Produkt II voraussichtlich 5.000 Stück während der nächsten Periode hergestellt. Als Fixkosten werden 500.000,- DM eingeplant. Das Unternehmen hat die folgenden Zuschlagssätze für die variablen Gemeinkosten geplant: Material 20 %, Fertigung 40 %, Verwaltung 10 %, Vertrieb 5 %. Wie groß sind die geplanten Stückdeckungsbeiträge der beiden Produktarten und das geplante Betriebsergebnis?

Lösung (alle Größen sind geplante Größen; zur Zeilennummerierung vgl. S. 36):

	[TDM]		Produktart I	Produktart II
(1)	variable Materialeinzelkosten (Fertigungsmaterial)		30,-	60,-
(2)	variable Materialgemeinkosten	20 %	6,-	12,-
(4)	variable Fertigungseinzelkosten (Fertigungslohn)		20,-	30,-
(5)	variable Fertigungsgemeinkosten	40 %	8,-	12,-
(8)	**variable Herstellkosten**		**64,-**	**114,-**
(12)	variable Verwaltungsgemeinkosten	10 %	6,40	11,40
(13)	variable Vertriebsgemeinkosten	5 %	3,20	5,70
(15)	= **variable Stückkosten**		**73,60**	**131,10**

	Produktart I	Produktart II
Absatzpreis	100,-	200,-
- variable Stückkosten	73,60	131,10
= **Stückdeckungsbeitrag**	**26,40**	**68,90**

Deckungsbeitrag	**264.000,-**	**344.500,-**
- Fixkosten		500.000,-
Betriebsergebnis		**108.500,-**

Erklärung: Die Kalkulation (hier: differenzierende Zuschlagskalkulation) wird wie bei der Vollkostenrechnung durchgeführt; jedoch dürfen *nur die variablen (proportionalen) Kosten* berücksichtigt werden.

Die Kostenträgerzeitrechnung wird bei Teilkostenrechnungen stets mit dem Umsatzkostenverfahren durchgeführt (s.o.; vgl. auch S. 42 f.). Deswegen müssen beim Auftreten von **Bestandsveränderungen** die variablen Kosten der abgesetzten Produkte subtrahiert werden, d.h. auch die variablen Herstellkosten je Mengeneinheit ($k_{H,v}$) werden mit der Zahl der abgesetzten Mengeneinheiten multipliziert.

Beispiel: Wie groß sind im Beispiel zur Kostenträgerzeitrechnung auf S. 43 Deckungsbeitrag und Betriebsergebnis nach der Grenzplankostenrechnung?

Lösung:

Erlöse	$x_A \cdot p$	600 ME · 50 DM/ME
- variable Kosten *(der abgesetzten Produkte)*	$- x_A \cdot (k_{H,v} + k_{Vt,v})$	- (600 ME · (7,50 DM/ME + 5 DM/ME))
= **Deckungsbeitrag**	= **DB**	= **22.500 DM**
- fixe Kosten	$- K_f$	- (6.000 DM + 10.000 DM)
= **Betriebsergebnis**	= **BE**	= **6.500 DM**

Erklärung: Die Differenz zum Betriebsergebnis auf der Basis von Vollkosten in Höhe von 8.900 DM - 6.500 DM = **2.400 DM** beruht ausschließlich auf der unterschiedlichen Behandlung der *fixen Herstellkosten* bei der Lagerbestandsbewertung. Bei der Vollkostenrechnung werden die Lagerbestände mit den Herstellkosten (= variable Herstellkosten + fixe Herstellkosten) bewertet, bei der Teilkostenrechnung dagegen nur mit den variablen Herstellkosten. Im Beispiel betragen die fixen Herstellkosten des Lagerbestandes daher ebenfalls $(x_P - x_A) \cdot k_{H,f}$ = (1.000 - 600) · (6.000/1.000) = **2.400 DM.** Wenn keine Lagerbestandsveränderungen auftreten, sind die Betriebsergebnisse nach der Voll- und Teilkostenrechnung identisch.

Die Grenzplankostenrechnung beseitigt wesentliche Mängel der starren Plankostenrechnung und der flexiblen Vollplankostenrechnung, übernimmt aber deren Vorteile. Sie eignet sich sehr gut zur Lösung der Planungs- und Kontrollaufgaben. Zwar vernachlässigt auch sie andere Kosteneinflußgrößen als die Beschäftigung (Beispiele: Seriengrößen, Rüstzeiten), jedoch kann sie ggf. um weitere flexible Einflußgrößen erweitert werden.

Der Einwand, die Grenzplankostenrechnung verführe zu unberechtigten Preissenkungen, beruht auf der Fehlinterpretation, die Absatzpreise aus den Grenzkosten abzuleiten. Die "richtigen" Absatzpreise ergeben sich aber aus Angebot und Nachfrage (vgl. ***Marketing***, Abschnitt 4.2.1). Sie sind bei der Grenzplankostenrechnung Voraussetzung, nicht Ergebnis der Kalkulation. Zudem können Solldeckungsbeiträge festgelegt werden. Der **Solldeckungsbeitrag** (Deckungsbudget) ist der Beitrag, den eine Produktart leisten *sollte*, um fixe Kosten (und Betriebsergebnis) zu decken.

3.4 Fixkostendeckungsrechnung

Die **Fixkostendeckungsrechnung** nach AGHTE und MELLEROWICZ (stufenweise oder mehrstufige Deckungsbeitragsrechnung, mehrstufiges Direct Costing) ist kein völlig neues Kostenrechnungssystem, sondern eine *Ergänzung der Grenzplankostenrechnung um eine differenzierte Berücksichtigung der Fixkosten.*

In der Grenzplankostenrechnung werden die Fixkosten in einer Summe (Fixkostenblock) abgezogen, weil sie nicht nach dem *Verursachungsprinzip* (vgl. S. 8) Kostenträgern oder Kostenstellen zugerechnet werden können. Trotzdem ist eine Zurechnung der Fixkosten zu bestimmten Objekten nach dem *Einwirkungsprinzip* möglich, d.h. ohne Durchschnitts- oder Tragfähigkeitsprinzip anwenden zu müssen.

Die Fixkostendeckungsrechnung teilt die Fixkosten in mehrere Kategorien ein, z.B.:

- **Produktartfixkosten** (Erzeugnisfixkosten). Dies sind solche Fixkosten, die nur auf eine Produktart einwirken. Beispiele: Patentkosten, Abschreibungen von Spezialmaschinen.
- **Produktgruppenfixkosten** (Erzeugnisgruppenfixkosten). Sie wirken auf eine Gruppe ähnlicher Produktarten ein. Beispiel: Abschreibungen einer Verpackungsmaschine.
- **Bereichsfixkosten**. Sie entstehen für einen Unternehmensbereich. Beispiel: Reparaturwerkstatt eines Unternehmensbereiches.
- **Unternehmensfixkosten**. Beispiele: Kosten des Managements, Pförtner.

Beispiel (alle Angaben in TDM und bezogen auf eine Abrechnungsperiode):

Bereich:	I					II	
Produktgruppe:	1		2			3	
Produktart:	A	B	C	D	E	F	G
Erlöse	5.000	8.000	4.500	3.000	2.500	7.000	6.500
- variable Kosten	3.500	6.000	2.000	1.500	1.000	4.000	4.000
Deckungsbeitrag I	**1.500**	**2.000**	**2.500**	**1.500**	**1.500**	**3.000**	**2.500**
- Produktartfixkosten	-	200	300	100	-	500	400
Deckungsbeitrag II	**1.500**	**1.800**	**2.200**	**1.400**	**1.500**	**2.500**	**2.100**
	3.300			5.100		4.600	
- Produktgruppenfixk.	3.400			3.000		1.500	
Deckungsbeitrag III	**-100**			**2.100**		**3.100**	
			2.000			3.100	
- Bereichsfixkosten			1.600			1.000	
Deckungsbeitrag IV			**400**			**2.100**	
				2.500			
- Unternehmensfixk.				1.400			
Betriebsergebnis				**1.100**			

Aus der Fixkostendeckung läßt sich z.B. entnehmen, ob eine Produktart über die Deckung ihrer Produktartfixkosten hinaus zur Deckung allgemeinerer Fixkosten und des Betriebsergebnisses beiträgt. Sie verbessert den Einblick in die Erfolgsstruktur des Unternehmens und liefert Hinweise auf mögliche Schwachstellen, welche dann gesondert (z.B. mit einer Investitionsrechnung) analysiert werden.

3.5 Relative Einzelkostenrechnung

Bei der von RIEBEL entwickelten **relativen Einzelkostenrechnung** sind als **Zurechnungsobjekte** (vgl. S. 8) neben Abrechnungsperioden, Kostenstellen und -trägern auch (fast) beliebige andere Objekte zulässig. Beispiele: In der Fertigung z.B. Fertigungslose, einzelne Anlagegüter; im Vertrieb z.B. Kundengruppen, Kundenanfragen, Kundenbesuche. Alle Zurechnungsobjekte bilden eine *Hierarchie*, d.h. eine Strukturierung von untergeordneten (speziellen) zu übergeordneten (allgemeinen) Objekten.

Kosten werden einem Zurechnungsobjekt genau dann zugerechnet, wenn *das Zurechnungsobjekt und die Kosten durch dieselbe Entscheidung ausgelöst werden*, also identischen Ursprung besitzen (**Identitätsprinzip**). Das Identitätsprinzip wird von RIEBEL auch als Präzisierung des Verursachungsprinzips bezeichnet.

Alle Kosten, die sich einem Zurechnungsobjekt nach dem Identitätsprinzip zurechnen lassen, heißen **relative Einzelkosten** dieses Objektes; sie werden auch als die relevanten Kosten angesehen. Alle anderen Kosten sind **Gemeinkosten** bezogen auf dieses Objekt; sie sind annahmegemäß nicht relevant. Einzel- und Gemeinkosten sind also *relativ*, d.h. sie beziehen sich auf beliebige Objekte und nicht nur auf Kostenträger (vgl. S. 11).

Weil jede Kostenart mindestens einem Objekt zugerechnet werden kann (auch z.B. das gesamte Unternehmen ist eines), *werden alle Kosten als Einzelkosten erfaßt*. Auf diese Weise entsteht eine Hierarchie relativer Einzelkosten. Die Erfassung als relative Einzelkosten geschieht so weit unten in der Hierarchie wie möglich. Beispiele: Gründungskosten sind relative Einzelkosten aller vom Unternehmen insgesamt hergestellten Produkte. Der Anschaffungspreis einer Maschine zählt zu den relativen Einzelkosten aller mit dieser Maschine hergestellten Produkte. Rüstkosten eines Fertigungsloses (z.B. Energiekosten beim Umrüsten) sind relative Einzelkosten dieses Fertigungsloses.

Alle Kosten werden in einer **Grundrechnung der Kosten**, die einer kombinierten Kostenarten-, Kostenstellen- und Kostenträgerrechnung vergleichbar ist, zusammengestellt. Die Grundrechnung ist eine Tabelle, in deren Spalten die Zurechnungsobjekte und in deren Zeilen die nach Kostenkategorien gegliederten Kostenarten stehen. Sie dient als Datenspeicher für die **Sonderrechnungen** (Auswertungsrechnungen), welche zur Lösung der Planungs- und Kontrollaufgaben jeweils aufgestellt werden müssen.

Mit den Sonderrechnungen werden - abhängig von der zu lösenden Aufgabe - **Deckungsbeiträge** für Kostenträger (oder andere Zurechnungsobjekte) ermittelt. Der Deckungsbeitrag eines Zurechnungsobjektes im Sinne der relativen Einzelkostenrechnung ist die *Differenz zwischen relativen Einzelerlösen und relativen Einzelkosten dieses Objektes*, d.h. der Beitrag zur Deckung der Gemeinkosten dieses Objektes.

Die relative Einzelkostenrechnung ist das wohl *konsequenteste Kostenrechnungssystem*. Sie erfüllt weitgehend die theoretischen Anforderungen, die an eine Kosten- und Leistungsrechnung zur Lösung von Planungs- und Kontrollaufgaben gestellt werden können. In der Praxis scheitert sie allerdings an ihrer Komplexität, am Verzicht auf die Schlüsselung variabler Gemeinkosten und an der abweichenden Definition vieler eingebürgerter Begriffe der Kosten- und Leistungsrechnung. Insgesamt ist die relative Einzelkostenrechnung eher eine Denkweise als ein praxisnahes, einsatzfähiges Kostenrechnungssystem; ihre praktische Anwendbarkeit ist sehr umstritten. Jedoch kann sie zumindest in einigen Bereichen, z.B. im Vertrieb oder bei der Kuppelproduktion, gut als Ergänzungsrechnung zur Grenzplankostenrechnung eingesetzt werden.

4 Einsatz der Ist- und Plankostenrechnung

Im zweiten und dritten Kapitel wurden die Ist- und die Plankostenrechnung vorgestellt. Offen geblieben ist bislang ihr Einsatz zur Lösung der Aufgaben des Rechnungswesens (vgl. S. 5). Grundsätzlich eignen sich Ist- und Plankostenrechnung wie folgt zur Lösung der Planungs-, Kontroll- und Publikationsaufgaben (vgl. S. 44 f.):

	(kurzfristige) Planungsaufgaben	**Kontrollaufgaben**	**Publikations-aufgaben**
Istkostenrechnung	grundsätzlich ungeeignet	*notwendig zur Ermittlung der Istgrößen*	*besonders geeignet*
Plankostenrechnung	*besonders geeignet*	*notwendig zur Ermittlung der Sollgrößen*	grundsätzlich ungeeignet

4.1 Lösung der Planungsaufgaben

Planungsaufgaben werden in kurzfristige und langfristige Planungsaufgaben eingeteilt:

1. **Langfristige Planungsaufgaben** umfassen den Aufbau langfristiger Unternehmenspotentiale (Beispiel: Anschaffung neuer Maschinen) und werden im Rahmen des Rechnungswesens mit der Investitionsrechnung erfüllt. Außerhalb des Rechnungswesens spielt das strategische Marketing eine wichtige Rolle (vgl. ***Marketing***, Kapitel 3).

2. **Kurzfristige Planungsaufgaben** umfassen die optimale Nutzung der bereits vorhandenen Unternehmenspotentiale und werden mit der Kosten- und Leistungsrechnung erfüllt. Erforderlich ist eine Plankostenrechnung als Teilkostenrechnung (vgl. S. 45). Wegen der ungelösten Anwendungsprobleme der relativen Einzelkostenrechnung eignet sich am besten die *Grenzplankostenrechnung* (ggf. ergänzt durch eine *Fixkostendeckungsrechnung*). Kurzfristige Planungsaufgaben entstehen im Beschaffungs-, Produktions- und Absatzbereich (oder simultan in mehreren dieser Bereiche):

   - Im **Beschaffungsbereich** sind typische Aufgaben die Planung der Produktionstiefe (Eigenfertigung oder Fremdbezug, "make or buy") und die Beschaffungslagerpolitik.
   - Typische Aufgaben im **Produktionsbereich** sind die Break even point-Analyse, die Entscheidung über die Annahme von Zusatzaufträgen sowie die Planung des optimalen Produktionsprogramms, Produktionsverfahrens und Produktionsablaufes (z.B. Losgrößenplanung, Reihenfolgeplanung).
   - Im **Absatzbereich** sind die Planung des absatzwirtschaftlichen Instrumentariums (z.B. Absatzpreis-, Garantie- und Rabattpolitik) und der Absatzlagerpolitik typisch.

   Besonders wichtig sind die Break even point-Analyse, die Entscheidung über die Annahme von Zusatzaufträgen und die Planung des optimalen Produktionsprogramms. Sie werden im folgenden näher untersucht.

4.1.1 Break even point-Analyse

Der **Break even point** (Gewinnschwelle, toter Punkt) ist die Beschäftigung, bei der das Betriebsergebnis gleich null ist, d.h. die Erlöse (Leistungen) sind gleich den Kosten. Er ist der *Quotient aus fixen Kosten und Stückdeckungsbeitrag:*

$$E(x) = K(x)$$
$$p \cdot x_{be} = k_v \cdot x_{be} + K_f$$
$$x_{be} = \frac{K_f}{p - k_v} = \frac{K_f}{db}$$

Mit dieser Formel kann leicht festgestellt werden, welche Absatzmenge das Unternehmen pro Periode mindestens erzielen muß, um ein negatives Betriebsergebnis zu vermeiden. Der Break even point eignet sich auch sehr gut für **Sensitivitätsanalysen**, denn der Einfluß von Änderungen der Kosten, Erlöse oder der Beschäftigung auf das Betriebsergebnis kann mit ihm schnell und einfach ermittelt werden. Allerdings ist er auf eine Produktart beschränkt.

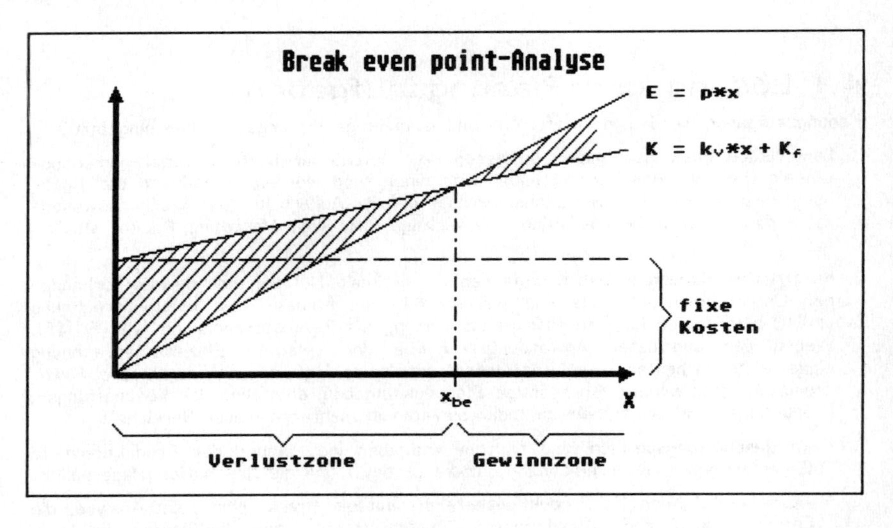

Beispiel: Ein Unternehmen verkauft in einer Periode 50.000 ME, in der Folgeperiode jedoch nur noch 40.000 ME. In beiden Perioden betragen die variablen Stückkosten DM 10,-, die fixen Kosten DM 300.000,- und der Preis 20 DM/ME. Wie hoch sind die Betriebsergebnisse? Wann wird der Break even point erreicht?

Lösung:

Erste Periode: $BE = E - K = p \cdot x - k_v \cdot x - K_f = (p - k_v) \cdot x - K_f$

$= (20\ DM/ME - 10\ DM/ME) \cdot 50.000\ ME - 300.000\ DM$

$=$ **200.000 DM**

Zweite Periode: $BE = db \cdot x - K_f = 10\ DM/ME \cdot 40.000\ ME - 300.000\ DM$
$= \mathbf{100.000\ DM}$

Break even point: $x_{be} = \frac{K_f}{db} = \frac{300.000\ DM}{10\ DM/ME} = \mathbf{30.000\ ME}$

Erklärung: Bereits ein Rückgang der Beschäftigung um 20 % halbiert in diesem Beispiel den Gewinn. Bei einem Rückgang um 40 % entsteht ein ausgeglichenes Ergebnis, ein weiterer Rückgang führt zum Verlust.

4.1.2 Annahme von Zusatzaufträgen

In diesem Abschnitt wird untersucht, ob ein Unternehmen einen **Zusatzauftrag** annehmen oder ablehnen soll. Das Unternehmen versucht, einen *möglichst hohen Gesamtdeckungsbeitrag* zu erreichen. Damit maximiert es auch sein Betriebsergebnis, weil sich dieses vom Gesamtdeckungsbeitrag nur um die fixen Kosten unterscheidet. (Für die volkswirtschaftlichen Auswirkungen, die entstehen, wenn alle Unternehmen nach dieser Gewinnmaximierungsprämisse handeln, vgl. ***Mikroökonomik***, Abschnitt 4.2.3.)

Die Entscheidungsregel hängt davon ab, ob freie Kapazität für den Zusatzauftrag verfügbar ist (Unterbeschäftigung) oder nicht (Überbeschäftigung). Diese Entscheidungsregeln dürfen aber nicht als Vorschlag zur Preisbildung mißverstanden werden (vgl. S. 50).

1. **Fall der Unterbeschäftigung.** Entscheidungsregel: *Der Zusatzauftrag ist dann anzunehmen, wenn der erzielbare Absatzpreis* (p) *die variablen Kosten je Stück* (k_v) *überschreitet*, d.h. wenn der Stückdeckungsbeitrag ($= db = p - k_v$) positiv ist. Die variablen Kosten je Mengeneinheit sind also die *kurzfristige Preisuntergrenze*.

   Ist der Absatzpreis höher als die variablen Kosten je Stück, jedoch niedriger als die gesamten Kosten je Stück, wird der Zusatzauftrag trotzdem angenommen: Auch dann wird ein Deckungsbeitrag erzielt, der zur Deckung der fixen Kosten beiträgt und deswegen das Betriebsergebnis verbessert (vgl. ***Mikroökonomik***, Abschnitt 3.4.1).

   Beispiel: Ein Einprodukt-Unternehmen stellt seine Produktart zu variablen Stückkosten in Höhe von 1,80 DM/St. bei einem Absatzpreis von 2,40 DM/St. her. Je Periode betragen die Fixkosten 400.000,- DM und die Produktion 800.000 Stück bei einer Kapazität von 1.000.000 Stück. Ein Großabnehmer ist bereit, weitere 150.000 Stück abzunehmen, wenn das Unternehmen einen Preis von 2,25 DM/St. akzeptiert. Soll das Unternehmen den Zusatzauftrag annehmen?

   Lösung: Ja, denn es liegt Unterbeschäftigung vor und es gilt db = (2,25 DM/St. - 1,80 DM/St.) = **0,45 DM/St. > 0**. Das Betriebsergebnis erhöht sich um 0,45 DM/St. · 150.000 St. = **67.500 DM** von 80.000,- DM auf 147.500,- DM. Nach der Vollkostenrechnung hätte der Auftrag abgelehnt werden müssen: k = 1,80 DM/St. + 400.000 DM/800.000 St. = 2,30 DM/St. > 2,25 DM/St. (vgl. Beispiel S. 44).

2. **Fall der Überbeschäftigung.** Entscheidungsregel: *Der Zusatzauftrag ist dann anzunehmen, wenn der erzielbare Deckungsbeitrag* (DB) *die Alternativkosten überschreitet.* Bei Überbeschäftigung kann der Zusatzauftrag nur durch Verzicht auf andere

Aufträge ausgeführt werden. Damit wird aber auch auf deren Deckungsbeiträge verzichtet. Diese entgangenen Deckungsbeiträge - hier als Alternativkosten (Opportunitätskosten) bezeichnet - müssen berücksichtigt werden.

Beispiel: Die Produktion der Unternehmens aus dem letzten Beispiel betrage nun 900.000 Stück; jedoch könnte es auf einen bisher geplanten Auftrag verzichten, bei dem 50.000 Stück zum Preis vom 2,40 DM/St. gefertigt werden sollten.

Lösung: Nun liegt Überbeschäftigung vor. Deckungsbeitrag des Zusatzauftrags = 0,45 DM/St.·150.000 St. = **67.500 DM**; Alternativkosten = entgangener Deckungsbeitrag = (2,40 DM/St. - 1,80 DM/St.)·50.000 St. = **30.000 DM** < 67.500 DM. Der Zusatzauftrag ist anzunehmen; auf den anderen Auftrag wird verzichtet.

4.1.3 Planung des optimalen Produktionsprogramms

Das **optimale Produktionsprogramm** ist das Produktionsprogramm, welches zum *höchsten Gesamtdeckungsbeitrag* (und damit auch zum maximalen Betriebsergebnis) führt.

Es kann direkt bestimmt werden, wenn es eine nur geringe Zahl möglicher Produktionsprogramme gibt, für die jeweils die Produktionsmengen aller Produktarten bekannt sind. Bei Vorliegen solcher **explizit** vorgegebenen Alternativen brauchen nur für jede Alternative die Stückdeckungsbeiträge mit den Produktionsmengen multipliziert und diese Deckungsbeiträge zum Gesamtdeckungsbeitrag addiert zu werden.

Beispiel: Ein Unternehmen hat die Möglichkeit, in einer Periode *entweder* 100 ME der Produktart A und 200 ME der Produktart B *oder* 150 ME von A und 140 ME von B zu produzieren. Die Absatzpreise betragen DM 200,- (A) und DM 300,- (B), die variablen Kosten DM 120,- (A) und DM 250,- (B). Die Fixkosten betragen DM 15.000,- je Periode. Welche Alternative ist optimal?

Lösung: Die Stückdeckungsbeiträge betragen DM 80,- (A) und DM 50,- (B). Bei der ersten Alternative entsteht ein Gesamtdeckungsbeitrag in Höhe von 100·80 + 200·50 = **DM 18.000,-**, bei der zweiten ein Gesamtdeckungsbeitrag in Höhe von 150·80 + 140·50 = **DM 19.000,-**. Damit ist die zweite Alternative optimal.

Meistens ist die Menge der möglichen Produktionsprogramme aber nur **implizit** vorgegeben, d.h. das Unternehmen kennt nur

1. einige **technische Eigenschaften** der herzustellenden Produkte, Beispiel: Fertigungszeiten an bestimmten Maschinen; und
2. die **Restriktionen**. Sie werden wie folgt eingeteilt:
   - Restriktionen, welche sich auf *nur eine* Produktart auswirken können, heißen **Einprodukt-Restriktionen**. Beispiel: Maximale Absatzmenge einer Produktart.
   - Restriktionen, welche sich auf *mehr als eine* Produktart auswirken können, heißen **Mehrprodukt-Restriktionen**. Beispiel: Die maximale Laufzeit je Periode einer Maschine, die von mehreren Produktarten beansprucht wird. Eine Mehrprodukt-Restriktion, die wirksam wird, heißt **Kapazitätsengpaß** oder kurz **Engpaß**.

Wenn die Menge der möglichen Produktionsprogramme nur implizit vorgegeben ist, hängt das Verfahren zur Bestimmung des optimalen Produktionsprogramms von der *Zahl der wirksamen Mehrprodukt-Restriktionen* ab, d.h. von der Zahl der Engpässe.

4.1.3.1 Keine wirksame Mehrprodukt-Restriktion (kein Engpaß)

Wenn keine Mehrprodukt-Restriktion wirksam wird, werden entweder

- alle Produktarten *unabhängig voneinander* hergestellt und abgesetzt oder
- Einprodukt-Restriktionen schränken das Produktionsprogramm so sehr ein, daß die *Mehrprodukt-Restriktionen nicht wirksam werden können*. Beispiel: Die maximalen Absatzmengen der Produktarten sind so gering, daß auch bei Produktion der maximalen Absatzmengen eine gemeinsam genutzte Maschine nicht voll ausgelastet ist.

In diesem ersten Fall lautet die Entscheidungsregel für die Aufnahme einer Produktart in das Produktionsprogramm oder das Verbleiben einer Produktart darin: *Produziere alle Produktarten, deren Stückdeckungsbeitrag positiv ist, in möglichst großen Mengen!*

Anders formuliert: Alle Produktarten, mit denen Stückdeckungsbeitrag erzielt werden kann ($db = p - k_v > 0$), werden bis zum Erreichen ihrer jeweiligen Einprodukt-Restriktion (z.B. ihrer maximalen Absatzmenge) produziert. Die Fertigung von Produktarten mit negativem Stückdeckungsbeitrag wird nicht aufgenommen bzw. eingestellt.

4.1.3.2 Genau eine wirksame Mehrprodukt-Restriktion (genau ein Engpaß)

In diesem zweiten Fall wird genau eine Mehrprodukt-Restriktion wirksam. (Oder: Es werden zwar mehrere Mehrprodukt-Restriktionen wirksam, aber höchstens eine je Produktart.) Beispiel: Die maximalen Absatzmengen zweier Produktarten A und B werden nicht erreicht, weil die Kapazität einer Maschine, welche sowohl zur Fertigung von A als auch zur Fertigung von B benötigt wird, die Zahl der maximal herstellbaren Produkte begrenzt: Bei höherer Kapazität der Maschine könnten mehr Produkte von A oder B hergestellt und abgesetzt werden (die Maschine bildet einen Engpaß).

Die Entscheidungsregel lautet dann: *Produziere die Produktarten, deren Stückdeckungsbeitrag positiv ist, in der Rangfolge ihrer relativen Deckungsbeiträge, bis jeweils die Einprodukt-Restriktion erreicht wird!*

Dies ist zu erläutern. In einem ersten Schritt werden alle Produktarten, deren Stückdeckungsbeitrag negativ oder gleich null ist, ausgesondert. Übrig bleiben alle Produktarten mit positivem Stückdeckungsbeitrag. Wegen des Engpasses sind auch bei diesen Produktarten Einschränkungen notwendig: eine Fertigung aller Produktarten mit positivem Stückdeckungsbeitrag bis zum jeweiligen Erreichen ihrer Einprodukt-Restriktion (z.B. maximalen Absatzmenge) würde die Kapazität des Engpasses überschreiten.

Deswegen ist ein zweiter Schritt notwendig, in dem bestimmt wird, welche der übrigen Produktarten herzustellen sind. Ziel ist wiederum die Maximierung des Gesamtdeckungsbeitrags. Dieses Ziel wird erreicht, wenn der *Engpaß optimal genutzt wird* (Dominanz des Minimumsektors), d.h. wenn diejenigen Produktarten vorrangig hergestellt werden, *die pro Engpaßeinheit den höchsten positiven Stückdeckungsbeitrag erreichen.*

Der *Stückdeckungsbeitrag pro Engpaßeinheit* heißt **relativer Deckungsbeitrag** (rdb; engpaßbezogener Deckungsbeitrag, spezifischer Deckungsbeitrag). Beispiel: Stückdeckungsbeitrag pro Fertigungsminute einer Engpaß-Maschine. Sind die Engpaßeinheiten Zeiteinheiten, dann gilt (t_E = Zeitbedarf am Engpaß für die Herstellung einer Mengeneinheit der jeweiligen Produktart):

$$rdb = \frac{db}{t_E}$$

Beispiel: Der Stückdeckungsbeitrag eines Produktes betrage 80,- DM. Wird der Engpaß bei der Herstellung einer Mengeneinheit vier Minuten beansprucht, beträgt der relative Deckungsbeitrag 80,- DM/4 Minuten = DM 20,- DM/Minute. Pro Minute Zeitbedarf am Engpaß werden also 20,- DM Deckungsbeitrag erwirtschaftet.

Erstrangig wird die Produktart mit dem höchsten relativen Deckungsbeitrag bis zum Erreichen ihrer Einprodukt-Restriktion produziert. Ist weitere Kapazität am Engpaß frei, wird die Produktart mit dem zweithöchsten relativen Deckungsbeitrag in möglichst großen Mengen produziert usw., bis der Engpaß voll ausgelastet ist. Auf diese Weise entsteht das optimale Produktionsprogramm. - Eine Auswahl nach den höchsten Stückdeckungsbeiträgen ist nicht optimal, weil dann z.B. Produktarten mit vergleichsweise langen Fertigungszeiten am Engpaß den Engpaß blockieren können.

Beispiel: Ein Unternehmen möchte das optimale Produktionsprogramm und das maximale Betriebsergebnis ermitteln. Es hat die Auswahl zwischen vier Produktarten:

Produktart	Preis	variable Kosten	absetzb. Menge	Zeitbedarf
A	5,- DM/St.	3,- DM/St.	6.000 St.	10 Min./St.
B	10,- DM/St.	6,- DM/St.	5.000 St.	15 Min./St.
C	7,- DM/St.	4,- DM/St.	7.500 St.	8 Min./St.
D	3,- DM/St.	2,- DM/St.	9.000 St.	2 Min./St.

Der Zeitbedarf bezieht sich auf die von allen vier Produktarten beanspruchte Maschine, die maximal 1.600 Fertigungsstunden in der Abrechnungsperiode leisten kann. Die Fixkosten der Abrechnungsperiode betragen DM 20.000,-.

Lösung:

(1)	(2)	(3)	(4)	(5)	(6)	(7)	(8)
Größe:	db	t_E	rdb	Rang	x	Zeitbedarf	DB
Einheit:	DM/St.	Min./St.	DM/h		Stück	h	DM
Erklärg.:	$p-k_v$	gegeben	(2)/(3)·60	s.u.	s.u.	(6)·(3)/60	(2)·(6)
A	2	10	12,-	4.	**0**	0	0
B	4	15	16,-	3.	**1.200**	300	4.800
C	3	8	22,50	2.	**7.500**	1.000	22.500
D	1	2	30,-	1.	**9.000**	300	9.000
						1.600	**36.300**
							-20.000
						BE =	**16.300**

Erklärung: Die möglichen Produktionsprogramme werden hier nur *implizit* angegeben. Weil die Maschine von mehr als einer Produktart beansprucht wird, liegt eine Mehrprodukt-Restriktion vor. Wenn soviel produziert wird, wie die Einprodukt-Restriktionen (die maximalen Absatzmengen) gerade noch erlauben, beträgt der Zeitbedarf

6.000 St.·10 Min./St. + 5.000 St.·15 Min./St. + 7.500 St.·8 Min./St.
+ 9.000 St.·2 Min./St. = 213.000 Min. = **3.550 Std. > 1.600 Std.**

Die Mehrprodukt-Restriktion wird also wirksam; es gibt genau einen Engpaß. Die Entscheidungsregel lautet deswegen: *Produziere die Produktarten, deren Stückdekkungsbeitrag positiv ist, in der Rangfolge ihrer relativen Deckungsbeiträge, bis jeweils die Einprodukt-Restriktion erreicht wird!*

Nach dem Errechnen der Stückdeckungsbeiträge (2) werden die relativen Deckungsbeiträge entsprechend der Formel rdb = db/t_E ermittelt (allerdings werden sie mit 60 multipliziert, um Stunden statt Minuten zu erhalten). Die Produktart A erzielt beispielsweise einen Stückdeckungsbeitrag von 2,- DM/Stück. Weil ein Stück 10 Minuten benötigt, in einer Stunde also 6 Stück von A die Engpaß-Maschine passieren können, läßt sich mit A ein relativer Deckungsbeitrag in Höhe von DM 12,- pro Stunde erwirtschaften.

Produktart D steht hier an erster Stelle (5), weil sie mit DM 30,- den höchsten relativen Deckungsbeitrag erbringt, obwohl sie den niedrigsten Stückdeckungsbeitrag aller vier Produktarten aufweist. Ursache ist die kurze Fertigungszeit am Engpaß.

Die Spalte (6) wird in der Rangfolge aufgefüllt, d.h. mit Produktart D beginnend. In Spalte (6) wird die maximal absetzbare Stückzahl von D eingesetzt und anschließend in Spalte (7) der Zeitbedarf am Engpaß dabei errechnet. Dann folgt C usw., bis der Engpaß ausgelastet ist. Bei der Produktart B kann die maximal absetzbare Stückzahl wegen des Erreichens der Kapazitätsgrenze nicht produziert werden. Hier muß zuerst die restliche Kapazität (1.600 h - 300 h - 1.000 h = 300 h) in Spalte (7) und daraus die Stückzahl in Spalte (6) errechnet werden. Schließlich werden die Deckungsbeiträge durch Multiplikation der Stückdeckungsbeiträge mit den Mengen ermittelt.

Dieses Produktionsprogramm ist optimal, weil kein anderes Produktionsprogramm existiert, das zu einem höheren Betriebsergebnis als DM 16.300,- führt. Auch eine Rangfolge nach den höchsten Stückdeckungsbeiträgen (Spalte (2)) hätte nur einem Betriebsergebnis von 7.875,- DM geführt, wäre also nicht optimal gewesen (Produktion in diesem Fall: 5.000 Stück B und 2.625 Stück C).

4.1.3.3 Mehrere wirksame Mehrprodukt-Restriktionen (mehrere Engpässe)

In diesem dritten Fall werden mindestens zwei Mehrprodukt-Restriktionen wirksam. (Genauer: Es werden mindestens zwei Mehrprodukt-Restriktionen *für mindestens eine Produktart* wirksam.) Beispiel: Zwei Maschinen, die bei der Fertigung aller Produktarten benötigt werden, begrenzen beide die Zahl der herstellbaren Produkte.

Das optimale Produktionsprogramm kann dann i.d.R. nur mit Lösungsverfahren der **linearen Programmierung** bestimmt werden. Für jede Einprodukt- und jede Mehrprodukt-Restriktion wird eine lineare Ungleichung aufgestellt; außerdem sind Nichtnegativitäts-Bedingungen erforderlich. Das so entstehende System linearer Ungleichungen kann - mit einer auf den Stückdeckungsbeiträgen beruhenden Zielfunktion - mit dem *Sim-*

plex-Algorithmus optimal gelöst werden. Wenn Mehrproduktrestriktionen für genau zwei Produktarten gelten, sind auch geometrische Lösungen möglich.

Die Entscheidungsregeln des Abschnitts 4.1.3 eignen sich sehr gut zur Planung des optimalen Produktionsprogramms. Allerdings ist zu beachten, daß alle Kostenrechnungssysteme nur Modelle sind, d.h. die Realität vereinfacht abbilden (vgl. S. 5). Eine vollständige Abbildung der Realität wäre nicht wirtschaftlich und ist im übrigen unmöglich. Wenn die Ergebnisse, die ein Modell liefert, auf die Realität angewendet werden, müssen stets die Annahmen des Modells bedacht werden. Dieser Einschränkung steht gegenüber, daß Modelle Aussagen mit großer Reichweite ermöglichen.

Beispiel: Die Aufnahme einer Produktart in das Produktionsprogramm oder ein Verbleiben darin kann auch bei negativen Deckungsbeiträgen optimal sein, wenn Umstände vorliegen, die im Modell nicht berücksichtigt wurden, beispielsweise bei *Sortimentsbindungen* mit anderen Produktarten oder bei *neuen Produktarten.* Andererseits kann auch trotz positiver Deckungsbeiträge und Unterbeschäftigung der Verzicht auf die Produktion weiterer Produktarten optimal sein, wenn sie beispielsweise zu im Modell nicht berücksichtigten *Komplexitätskosten* führt (z.B. Erschwerung der Lernvorgänge, zunehmende Schwerfälligkeit des Unternehmens).

4.2 Lösung der Kontrollaufgaben

Zur Lösung der **Kontrollaufgaben** benötigt das Management ein Informationsinstrument, das aktuelle Kontrollinformationen liefert (vgl. S. 5 und S. 44). Ein solches Instrument sind Abweichungsanalysen zwischen Ist- und Sollgrößen, die einem Regelkreis vergleichbar durchgeführt werden. Bei einem **Regelkreis** wirken die Ergebnisse eines Prozesses durch Rückkoppelung *(feed back)* auf den weiteren Ablauf des Prozesses ein. Beispiel: Thermostat. Dies gilt auch - mit Istgrößen als Ergebnissen - für den Entwicklungsprozeß des Unternehmens.

Zur Lösung der Kontrollaufgaben sind fünf **Kontrollhandlungen** erforderlich:

1. **Festlegen eines Kontrollfeldes.** Festzulegen ist, *was* (Kontrollobjekt) *wie umfangreich* (Kontrollausmaß) *wie oft* (Kontrollhäufigkeit) kontrolliert werden soll. Beispiel: Ein Unternehmen kontrolliert jeden Monat (Kontrollhäufigkeit) selektiv einige ausgewählte (Kontrollausmaß) Kosten und Erlöse (Kontrollobjekt). Häufig wird vierteljährlich eine *geschlossene* (d.h. vollständige) *Kontrolle* und monatlich oder wöchentlich eine *partielle* (d.h. auf ausgewählte Güterarten beschränkte) *Kontrolle* durchgeführt.

2. **Ermittlung der Sollgrößen.** Sie werden von einer Plankostenrechnung bereitgestellt. Als Plankostenrechnung eignet sich besonders die *Grenzplankostenrechnung;* sie ist ohnehin zur Lösung der kurzfristigen Planungsaufgaben erforderlich (vgl. S. 53).

3. **Ermittlung der Istgrößen.** Sie werden mit einer Istkostenrechnung ermittelt (vgl. Kapitel 2), welche allerdings als Teilkostenrechnung durchgeführt werden muß, weil die Sollgrößen ebenfalls mit einer Teilkostenrechnung ermittelt wurden.

Bei der *Istkostenrechnung als Teilkostenrechnung* werden nur die variablen Kosten den absatzbestimmten Gütern zugerechnet, indem nur für sie Kostenarten-, Kostenstellen- und Kostenträgerrechnung gemäß Kapitel 2 durchgeführt werden. Die fixen Kosten werden ebenfalls erfaßt, aber nicht weiterverrechnet. (Ein separates Kapitel hierfür entfällt, weil es fast ausschließlich einer Wiederholung des 2. Kapitels entspräche. Auch Fixkostendeckungsrechnung und relative Einzelkostenrechnung können zur Ermittlung der Istgrößen als Istkostenrechnung durchgeführt werden.)

4. **Vergleich von Soll- und Istgrößen und Abweichungsanalyse.** Die Differenz von Soll- und Istgrößen heißt *Gesamtabweichung*. Sie wird analysiert, d.h. in *Teilabweichungen* aufgespalten, um die Abweichungsursachen aufzudecken.
5. **Auswertung.** Bei der Auswertung der Ergebnisse der Abweichungsanalyse wird zunächst geprüft, ob festgestellte Abweichungen durch die Kontrolle selbst entstanden sind. Beispiele: Fehlerfassung von Istgrößen, Annahme linearer Kostenverläufe. Anschließend wird untersucht, welche Teilabweichungen behoben werden können. Dies schließt ggf. konkrete Vorschläge zur Beseitigung der Abweichungsursachen ein und führt schließlich zu korrigierenden Handlungen, welche wiederum den weiteren Entwicklungsprozeß des Unternehmens beeinflussen.

Wenn das Kontrollobjekt die gesamten Kosten einer Periode sind, dann ist die **Gesamtabweichung** die Differenz aus Plankosten und Istkosten dieser Periode:

$$(1)\quad \Delta K = K^{Plan} - K^{Ist} = \left(k_v^{Plan} \cdot x^{Plan} + K_f^{Plan}\right) - \left(k_v^{Ist} \cdot x^{Ist} + K_f^{Ist}\right)$$

$$(2)\quad = \left(k_v^{Plan} \cdot x^{Plan} - k_v^{Ist} \cdot x^{Ist}\right) + \left(K_f^{Plan} - K_f^{Ist}\right)$$

$$(3)\quad = \Delta K_v + \Delta K_f$$

Um die Abweichungsursachen offenzulegen, wird die Gesamtabweichung nun in **Teilabweichungen** zerlegt (Abweichungsanalyse). Dabei werden die Fixkosten in der Grenzplankostenrechnung nicht berücksichtigt. Für die variablen Kosten gilt:

$$(4)\quad K_v = k_v \cdot x = \left(\sum_m p_m \cdot a_m\right) \cdot x = \sum_m p_m \cdot a_m \cdot x$$

Die variablen Stückkosten k_v sind gleich der Summe der Kosten aller Kostenarten. Jede Kostenart m besteht wiederum aus einer Wertkomponente (p_m = Preis je Mengeneinheit der m-ten Güterart) und einer Mengenkomponente (a_m = Verbrauchsmenge der m-ten Güterart *je hergestellter Mengeneinheit;* Beispiel: a_{Reifen} = 4 bei Autos).

Die weitere Vorgehensweise ist trotz der vielen Gleichungen recht einfach (vgl. **kumulative Abweichungsanalyse** nach KILGER): Für die Differenz ΔK_v aus (3) folgt mit (4) Gleichung (5). Zur Aufspaltung werden nun zwei zusätzliche Terme eingefügt, deren Wert jeweils null ergibt (6). Durch bloßes Umstellen der Klammern entstehen drei Teilabweichungen (7), die in (8) und (9) vereinfacht werden.

$$(5)\quad \Delta K_v = K_v^{Plan} - K_v^{Ist} = \left(\sum_m p_m^{Plan} \cdot a_m^{Plan} \cdot x^{Plan}\right) - \left(\sum_m p_m^{Ist} \cdot a_m^{Ist} \cdot x^{Ist}\right)$$

$$(6)\quad = \left(\sum_m x^{Plan} \cdot p_m^{Plan} \cdot a_m^{Plan}\right) + \left(-\sum_m \mathbf{x^{Ist} \cdot p_m^{Plan} \cdot a_m^{Plan}} + \sum_m \mathbf{x^{Ist} \cdot p_m^{Plan} \cdot a_m^{Plan}}\right)$$
$$+ \left(-\sum_m \mathbf{x^{Ist} \cdot p_m^{Ist} \cdot a_m^{Plan}} + \sum_m \mathbf{x^{Ist} \cdot p_m^{Ist} \cdot a_m^{Plan}}\right) - \left(\sum_m x^{Ist} \cdot p_m^{Ist} \cdot a_m^{Ist}\right)$$

(7) $= \left(\sum_m x^{Plan} \cdot p_m^{Plan} \cdot a_m^{Plan} - \sum_m x^{Ist} \cdot p_m^{Plan} \cdot a_m^{Plan}\right)$ echte Besch.abw.

$+ \left(\sum_m x^{Ist} \cdot p_m^{Plan} \cdot a_m^{Plan} - \sum_m x^{Ist} \cdot p_m^{Ist} \cdot a_m^{Plan}\right)$ Preisabweichungen

$+ \left(\sum_m x^{Ist} \cdot p_m^{Ist} \cdot a_m^{Plan} - \sum_m x^{Ist} \cdot p_m^{Ist} \cdot a_m^{Ist}\right)$ Verbrauchsabw.

(8) $= \sum_m \left(x^{Plan} - x^{Ist}\right) \cdot p_m^{Plan} \cdot a_m^{Plan}$ echte Besch.abw.

$+ \sum_m x^{Ist} \cdot \left(p_m^{Plan} - p_m^{Ist}\right) \cdot a_m^{Plan}$ Preisabweichungen

$+ \sum_m x^{Ist} \cdot p_m^{Ist} \cdot \left(a_m^{Plan} - a_m^{Ist}\right)$ Verbrauchsabw.

(9) $\Delta K_v = \sum_m \boldsymbol{\Delta x} \cdot p_m^{Plan} \cdot a_m^{Plan} + \sum_m x^{Ist} \cdot \boldsymbol{\Delta p_m} \cdot a_m^{Plan} + \sum_m x^{Ist} \cdot p_m^{Ist} \cdot \boldsymbol{\Delta a_m}$

echte Beschäftigungsabweichungen — **Preisabweichungen** — **Verbrauchsabweichungen**

Die **echten Beschäftigungsabweichungen** sind die *Kostendifferenz aufgrund von Beschäftigungsänderungen*. Für sie sind *Management* und *Vertriebsabteilung* verantwortlich. (Anmerkung: Der Begriff Beschäftigungsabweichung wird auch bei der flexiblen Plankostenrechnung als Vollkostenrechnung verwendet, jedoch für die bei Unter- bzw. Überbeschäftigung "zu wenig" bzw. "zu viel" kalkulierten fixen Kosten. Dies ist mißverständlich; zudem eignet sich eine so definierte Beschäftigungsabweichung kaum zur Lösung der Kontrollaufgaben.)

Die **Preisabweichungen** sind die *Kostendifferenz aufgrund von Änderungen der Beschaffungspreise*. Für sie ist ggf. die *Einkaufsabteilung* verantwortlich.

Die **Verbrauchsabweichungen** sind die *Kostendifferenz aufgrund von Verbrauchsänderungen;* sie geben die vermeidbaren Güterverbräuche, d.h. die Unwirtschaftlichkeit an (Beispiel: überhöhter Materialverbrauch bei einer Kostenart). Für sie sind die *Fertigungsabteilungen* verantwortlich. Allerdings sind Verbrauchsabweichungen nicht immer ein zuverlässiger Maßstab, weil z.B. andere variable Kosteneinflußgrößen als die Beschäftigung vernachlässigt werden. Die daraus resultierenden Verzerrungen können vermieden werden, indem aus den Verbrauchsabweichungen **Spezialabweichungen** abgespalten werden. Beispiele: Intensitäts-, Seriengrößen- und Qualitätsabweichungen.

Die hier vorgestellte Form der Abweichungsanalyse kann in mehrfacher Hinsicht erweitert werden. Beispiele: Aufspaltung nach Kostenstellen, Berücksichtigung von Planungsfehlern, Einbeziehung von Erlösen und Deckungsbeiträgen, weiterentwickelte Abweichungsanalyse-Methoden. Diese Erweiterungen erhöhen allerdings die Komplexität z.T. erheblich, so daß Unterstützung durch einen Computer erforderlich wird.

Beispiel: Das Unternehmen aus den Beispielen auf S. 46 und 47 möchte nun auch eine Analyse nach der Grenzplankostenrechnung durchführen. Es gilt weiterhin $x^{Plan} = 10.000$ St. und $x^{Ist} = 8.000$ St. Vereinfachend werden nur zwei Kostenarten angenommen, Fertigungslöhne (m=1) und Rohmaterial (m=2). Das Unternehmen hat geplant: Stundenlohn $p_1^{Plan} = 26$ DM/h, Fertigungszeit je Stück $a_1^{Plan} = 0{,}5$ h/St.,

Einstandspreis des Rohmaterials p_2^{Plan} = 5 DM/kg und benötigtes Rohmaterial je Stück a_2^{Plan} = 3,4 kg/St. Realisiert werden jedoch p_1^{Ist} = 27 DM/h, a_1^{Ist} = 0,45 h/St., p_2^{Ist} = 6 DM/kg und a_2^{Ist} = 3,6 kg/St. Es gilt $K_f^{Plan} = K_f^{Ist}$. Wie groß ist die gesamte Abweichung der variablen Kosten? Worauf ist sie zurückzuführen?

Lösung:

$K_v^{Plan} = p_1^{Plan} \cdot a_1^{Plan} \cdot x^{Plan} + p_2^{Plan} \cdot a_2^{Plan} \cdot x^{Plan}$ = 26 DM/h · 0,5 h/St. · 10.000 St. + 5 DM/St. · 3,4 kg/St. · 10.000 St. = **300.000,- DM**

$K_v^{Ist} = p_1^{Ist} \cdot a_1^{Ist} \cdot x^{Ist} + p_2^{Ist} \cdot a_2^{Ist} \cdot x^{Ist}$ = 27 DM/h · 0,45 h/St. · 8.000 St. + 6 DM/St. · 3,6 kg/St. · 8.000 St. = **270.000,- DM**

$\Delta K_v = K_v^{Plan} - K_v^{Ist}$ = 300.000 DM - 270.000 DM = **+30.000,- DM**

Mit Δx = +2.000 St., Δp_1 = -1 DM/h, Δa_1 = +0,05 h/St., Δp_2 = -1 DM/kg und Δa_2 = -0,2 kg/St. (d.h. jeweils "Plan" minus "Ist") ergeben sich:

- **Echte Beschäftigungsabweichung**: $\Delta x \cdot p_1^{Plan} \cdot a_1^{Plan} + \Delta x \cdot p_2^{Plan} \cdot a_2^{Plan}$
  = 2.000 · (26 · 0,5 + 5 · 3,4) = **+60.000,- DM**
- **Preisabweichung**: $x^{Ist} \cdot \Delta p_1 \cdot a_1^{Plan} + x^{Ist} \cdot \Delta p_2 \cdot a_2^{Plan}$
  = 8.000 · -1 · 0,5 + 8.000 · -1 · 3,4 = **-4.000** + **-27.200** = **-31.200,- DM**
- **Verbrauchsabweichung**: $x^{Ist} \cdot p_1^{Ist} \cdot \Delta a_1 + x^{Ist} \cdot p_2^{Ist} \cdot \Delta a_2$
  = 8.000 · 27 · 0,05 + 8.000 · 6 · -0,2 = **+10.800** + **-9.600** = **+1.200,- DM**

Erklärung: Die Summe der Teilabweichungen ist gleich der gesamten Abweichung der variablen Kosten (+60.000,- DM + -31.200,- DM + +1.200,- DM = +30.000 DM = ΔK_v). Die geringere Absatzmenge allein hätte die variablen Kosten um TDM 60 verringert. Tatsächlich wurde dies teilweise durch höhere Beschaffungspreise beider Kostenarten aufgezehrt. Der mengenmäßige Verbrauch hat sich insgesamt nicht negativ ausgewirkt, obwohl eine Differenzierung nach Kostenarten Unterschiede aufzeigt.

4.3 Lösung der Publikationsaufgaben

Publikationsaufgaben werden mit Publikationsrechnungen gelöst (vgl. ***Bilanzen***). Soweit die Kosten- und Leistungsrechnung hierzu Hilfestellung leistet (vgl. S. 5), eignen sich besonders Istkostenrechnungen als Vollkostenrechnungen (vgl. S. 45). Zu diesem Zweck wird die Istkostenrechnung als Teilkostenrechnung, welche ohnehin zur Lösung der Kontrollaufgaben notwendig ist (vgl. S. 61), um die Fixkosten ergänzt, soweit dies die Publikationsrechnungen im Einzelfall erfordern. Eine solche Ergänzung ist leicht möglich.

Damit sind alle drei auf S. 5 beschriebenen Aufgaben des Rechnungswesens, soweit sie die Kosten- und Leistungsrechnung betreffen, gelöst. Zur Lösung aller drei Aufgaben eignet sich besonders die Kombination einer *Grenzplankostenrechnung* (evtl. ergänzt durch eine Fixkostendeckungsrechnung) mit einer *Istkostenrechnung als Teilkostenrechnung* (ggf. ergänzt um die Fixkosten) entsprechend der Abbildung auf S. 53.

5 Übungsaufgaben

5.1 Aufgaben

1. Welche Verfahren der innerbetrieblichen Leistungsrechnung gibt es? Unter welchen Bedingungen eignen sich die einzelnen Verfahren?

2. Aus welchen Bestandteilen setzen sich Anderskosten, Zusatzkosten und neutraler Aufwand zusammen?

3. Auf welchen Annahmen beruht die Grenzplankostenrechnung?

4. Werden Kosten in einer Vollkostenrechnung auch mehrfach geschlüsselt?

5. Ein Unternehmen erwägt die Produktion eines neuen Gerätetyps C (Montagezeit 10 Minuten/Stück, variable Kosten 30,- DM/St., Absatzpreis 50,- DM/St.), obwohl es bereits an der Kapazitätsgrenze arbeitet: Hergestellt werden die Gerätetypen A (6 Min./St., Stückdeckungsbeitrag 11,40 DM/St.) und B (15 Min./St., 33 DM/St.). Wie lautet das gewinnmaximale Produktionsprogramm?

6. Führen Gesamt- und Umsatzkostenverfahren stets zum gleichen Betriebsergebnis?

7. Kann die Annahme eines Auftrages lohnend sein, der die Stückkosten nicht deckt?

8. Wie werden die Stückkosten bei der differenzierenden Zuschlagskalkulation kalkuliert?

9. Welche Zurechnungsprinzipien gibt es? Wie sind sie definiert? In welchen Bereichen (z.B. Kostenrechnungssystemen) werden sie hauptsächlich verwendet?

10. Wovon hängt die Wahl des Kalkulationsverfahrens ab?

11. Wie wird die relative Einzelkostenrechnung durchgeführt?

12. Welche Teilabweichungen werden bei der Abweichungsanalyse unterschieden?

13. Kann man eine Maschine richtig abschreiben?

14. Welche Aufgaben hat der Betriebsabrechnungsbogen?

15. Wie wird das betriebsnotwendige Kapital ermittelt?

16. Die variablen Stückkosten eines Produktes betragen DM 100,-, der Absatzpreis DM 200,- und die Absatzmenge 10.000 Stück. a) Die Gesamtkosten der Abrechnungsperiode betragen 1,5 Mio. DM. In der folgenden Periode entstehen jedoch bei gleicher Absatzmenge Gesamtkosten in Höhe von 1,7 Mio DM; Ursache dieser Kostenerhöhung sind b) die *fixen* Kosten bzw. c) die *variablen* Kosten. Wo liegt der Break even point in den drei Fällen? Wie sind b und c geometrisch zu deuten?

17. Ein Unternehmen schreibt Aggregate eines bestimmten Typs im handelsrechtlichen Jahresabschluß linear mit vierjähriger Nutzungsdauer ab. Weil die Aggregate (Lebensdauer: erfahrungsgemäß 200.000 Betriebsstunden) z.Zt. nicht voll ausgelastet sind, erwägt der Unternehmer, einen weiteren Fertigungsauftrag anzunehmen. Da eine Kostenrechnung fehlt, trifft er die Entscheidung auf der Grundlage des handelsrechtlichen Jahresabschlusses. Welchen Fehler macht er und welche Gefahr entsteht daraus?

18. Unter welchen Bedingungen unterscheidet sich das Betriebsergebnis bei Anwendung der Teilkostenrechnung vom Betriebsergebnis bei Anwendung der Vollkostenrechnung, und um welchen Betrag?

19. Welche Aufgaben soll die Kosten- und Leistungsrechnung erfüllen? Welche Kostenrechnungen eignen sich zu ihrer Lösung?

20. In der Fixkostendeckungsrechnung eines Unternehmens ist der Deckungsbeitrag III einer Produktgruppe negativ. Sollte diese Produktgruppe stillgelegt werden?

21. Wie wird die Grenzplankostenrechnung durchgeführt?

22. Kann die Fertigung von Produktarten mit negativem Stückdeckungsbeitrag optimal sein?

23. Welche Handlungen sind zur Lösung der Kontrollaufgaben erforderlich?

24. Ein Unternehmen stellt vier Sorten einer Produktart in den Mengen 50.000 (I), 100.000 (II), 75.000 (III) und 30.000 Stück (IV) her. Die Stückkostenverhältnisse betragen 1 : 1,25 : 2,5 : 3,75 und die Gesamtkosten DM 1.425.000,-. Wie hoch sind die Stückkosten der vier Sorten?

25. Wie wird eine Normalkostenrechnung durchgeführt? Welchen Vorteil hat sie gegenüber der Istkostenrechnung?

5.2 Lösungshinweise

1. Es werden *Block-*, *Treppen-* und *Gleichungsverfahren* unterschieden (vgl. S. 20-27). Ihre Eignung hängt von der Struktur der Kostenstellenbeziehungen ab; vgl. S. 21 f.

2. *Anderskosten* lassen sich in kalkulatorische Abschreibungen, kalkulatorische Zinsen und kalkulatorische Wagniskosten einteilen, *Zusatzkosten* in kalkulatorischen Unternehmerlohn und kalkulatorische Miete und *neutraler Aufwand* in periodenfremden, betriebsfremden und außerordentlichen Aufwand (vgl. S. 7 f. und 14 ff.).

3. Insbesondere: Die Beschäftigung ist die einzige flexible Kosteneinflußgröße; eindeutige Trennung aller Kosten in variable und fixe; alle variablen Kosten sind proportionale Kosten; Ansatz von Teilkosten (im Sinne von proportionalen Kosten). Vgl. S. 48.

4. Ja. Z.B. werden primäre Gemeinkosten, die einer Kostenstelle nicht direkt zugerechnet werden können (sog. Kostenstellengemeinkosten, vgl. S. 20) mit Schlüsselgrössen auf die Kostenstellen verteilt. Ähnliches geschieht bei der Verrechnung innerbetrieblicher Leistungen zwischen den Stellen. Schließlich werden diese Kosten auf die Kostenträgern verteilt, also zum drittenmal geschlüsselt.

5. Relative Deckungsbeiträge: 1,90 (A), 2,20 (B) und 2,- DM/Min. (C). Die drei Typen werden in der Rangfolge 1. B, 2. C und 3. A produziert, bis jeweils die Einprodukt-Restriktion erreicht wird (vgl. S. 57 f.). Die Produktion von A wird also zugunsten von C eingeschränkt bzw. eingestellt.

6. Unter gleichen Annahmen: ja (vgl. Beweis auf S. 43).

7. Ja. Vgl. Beispiel auf S. 44 f. und Abschnitt 4.1.2 auf S. 55 f.

8. Kalkuliert wird entsprechend dem Schema auf S. 36.

9. Zur Definition vgl. S. 8 f., evtl. auch S. 52 (Identitätsprinzip). Verwendet werden sie hauptsächlich wie folgt: *Verursachungsprinzip:* Einzelkosten (vgl. S. 11), Grenzplankostenrechnung (vgl. S. 48); *Einwirkungsprinzip:* Einzelkosten, Fixkostendeckungsrechnung (vgl. S. 51); *Durchschnittsprinzip:* Divisionskalkulation (vgl. S. 29), z.T. auch Zuschlagskalkulation (vgl. S. 33 f.) und Kuppelkalkulation (vgl. S. 39); *Tragfähigkeitsprinzip*: Kuppelkalkulation; *Identitätsprinzip:* Relative Einzelkostenrechnung (vgl. S. 52).

10. Welches Kalkulationsverfahren anzuwenden ist, hängt vom *Produktionsverfahren* ab (vgl. S. 28 f.). Die Zuordnung geschieht gemäß der Abbildung auf S. 28.

11. Alle Kosten werden als relative Einzelkosten erfaßt und in einer Grundrechnung der Kosten zusammengestellt. Sie ist Grundlage für Sonderrechnungen, die zur Lösung der Planungs- und Kontrollaufgaben jeweils aufgestellt werden (vgl. im einzelnen S. 52).

12. (Echte) Beschäftigungsabweichungen, Preisabweichungen und Verbrauchsabweichungen; ggf. können zusätzlich Spezialabweichungen abgespalten werden (vgl. S. 62).

13. *Nutzungsdauer* und *Restwert* können häufig nur schwer prognostiziert werden. Der richtige *Abschreibungsverlauf* ist prinzipiell unbestimmbar, weil der Zusammenhang zwischen dem Güterverzehr und den Verzehrsursachen letztlich nicht meßbar ist (vgl. auch S. 11 und S. 14 f.).

14. Oberer Teil: Verteilung der primären Gemeinkosten auf die Kostenstellen. Unterer Teil: Innerbetriebliche Leistungsrechnung (vgl. S. 19 ff.)

15. Vgl. hierzu S. 15 f.

16. a) $x_{be} = K_f/(p - k_v) = (1.500.000 - 100 \cdot 10.000)/(200 - 100) =$ **5.000 Stück**.
b) $x_{be} = K_f/(p - k_v) = (1.700.000 - 100 \cdot 10.000)/(200 - 100) =$ **7.000 Stück**; die Kostengerade wird parallel nach oben verschoben.
c) $x_{be} = K_f/(p - k_v) = 500.000/(200 - 1.200.000/10.000) =$ **6.250 Stück**; die Steigung der Kostengerade erhöht sich. Vgl. S. 54 f.

17. Die richtige Entscheidungsregel lautet "Stückdeckungsbeitrag größer null" (vgl. S. 55). Der Fehler besteht in der Anwendung des falschen Basisrechnungssystems (vgl. S. 6). Die variablen Kosten werden unterschätzt und der Zusatzauftrag wird möglicherweise zum eigenen Nachteil angenommen: Im Jahresabschluß wurde die lineare Abschreibung angewendet (vgl. S. 14 f.); dies führt zu fixen Kosten (vgl. S. 11). Richtig wäre aber wohl Mengenabschreibung mit Betriebsstunden als Schlüsselgröße gewesen (variable Kosten). Die variablen Kosten sind also tatsächlich höher, als anhand der Bilanz zu erwarten ist, weil das Nutzungspotential der Aggregate durch den Zusatzauftrag abnimmt. - Dieses Beispiel belegt die mangelnde Eignung der Publikationsrechnungen zur Lösung von Planungsaufgaben.

18. Die Betriebsergebnisse unterscheiden sich, wenn Bestandsveränderungen vorliegen, und zwar um die fixen Herstellkosten der Bestandsveränderung (vgl. Beispiel auf S. 50).

19. Zu den Aufgaben vgl. S. 5. Bei kurzfristigen Planungsaufgaben eignen sich besonders Plankostenrechnungen (als Teilkostenrechnungen); bei Kontrollaufgaben Plankostenrechnungen in Kombination mit Istkostenrechnungen; bei Publikationsaufgaben Istkostenrechnungen (als Vollkostenrechnungen). Vgl. S. 44 f., S. 53 und S. 63.

20. Nein. Bislang liegt nur ein Hinweis auf eine mögliche Schwachstelle vor. Stillegungen zählen zu den langfristigen Entscheidungen; sie sind mit einer Investitionsrechnung zu analysieren. Weitere Alternativen sind z.B. Änderungen der Absatzpreise (vgl. S. 51).

21. Im wesentlichen kann die Kostenarten-, Kostenstellen- und Kostenträgerrechnung gemäß Kapitel 2 angewendet werden. Vgl. im einzelnen S. 48 f.